D1750828

Für all die lieben Menschen, die mich bei meinen Verrücktheiten unterstützt und ertragen haben. Besonders meine Frau Susen. Ich liebe Dich.

Karsten Stanberger

Allein unter Geiern –
ein Top-Verkäufer packt aus!

Verkaufen müssen ist ernst genug,
um darüber lachen zu können

Bibliografische Information der Deutschen Nationalbibliothek:
Die Deutsche Nationalbibliothek verzeichnet diese Publikation
in der Deutschen Nationalbibliografie; detaillierte bibliografische Daten sind im Internet über http://dnb.dnb.de abrufbar.

© 2014 Karsten Stanberger

Umschlaggestaltung und Illustration: Anne Mendelin
Umschlagfoto: Horst-Henning Kleiner

Herstellung und Verlag: BoD – Books on Demand, Norderstedt

ISBN: 978-3-7357-1872-3

Inhalt

Vorwort 7
Vorneweg 8
Hilfe! Ich bin Verkäufer..9
    Die Ostermann-Eröffnung..15
Herausforderungen 19
    Die Einstellung muss stimmen..22
    Unveränderliche Kennzeichen des erfolgreichen
    Nichtverkäufers 24
    Der Kunde steht immer im Mittelpunkt – und damit
    allen und allem im Wege...26
    Die Zeit ist reif für ein neues Feindbild 27
    Erfolgsstrategie 1 – Die richtige Stimmung 32
    Das Leben ist so verdammt kurz! Nicht für diese Übungen........33
    Machen Sie bitte direkt weiter 38
    Visualisierung..40
    Pro und Contra 41
    Ängste überwinden – mit Mut überzeugen.......................43
In vier Schritten zum erfolgreichen Nichtverkäufer................44
    Die vier Stufen der Kompetenz..44
    Erfolgsformel: vom Willen, von Fähigkeiten und vom Glauben...48
    Erfolgsstrategie 2 – Weiterbildung.....................................57
    Selbsterkenntnis auf dem Weg zum erfolgreichen
    Nichtverkäufer 61
Methoden und Strategien zum Erfolg 74
    Der Verkaufstrichter 74
    Vom (Un)Sinn der Kundenakquise....................................80
    Kontakten am Telefon..85
    Goldene Regeln für das Verhalten am Telefon...................86
    Erfolgsstrategie 3 – Leidvolle Fäden 93
    Das Leid mit dem ewigen Kontakten 95
    Erfolgsstrategie 4 – Soziale Netzwerke...............................98
Das Verkaufsgespräch erfolgreicher Nichtverkäufer 102
    Goldene Regeln für persönliches Kontakten....................102
    Outfit...103
    Intimzone 104

Vorwürfe 105
Selbstverständlichkeiten 106
Penetranz 107
Routine 108
Vorwegnahme 109
Kompetenz 110
Erfolgsstrategie 5 – Der Duft der weiten Welt 111
Der Ablauf 113
Warm-up Phase 117
Die Produktpräsentation 121
Die notwendigen Vorbereitungen vor einer
Produktpräsentation 122
1. Der Besserwisser 124
2. Der Ahnungslose 126
Erfolgsstrategie 6 – Bilder sagen mehr als Worte 131
Das Produkt - Ihr Angebot 133
Der Drücker 134
Der Zaghafte 135
Erfolgsstrategie 7 – Colombo-Technik 137
Kaufsignale 139
Fragen zum Preis 140
Fragen zum Danach 143
Fragen zu mehr Details 144
Die Frage nach Referenzen 145
Weitere Kaufsignale 147
Erfolgsstrategie 8 – Die RUDI-Technik 148
Einwände 149
Erfolgsstrategie 9 – Killerformulierungen 151
Der Abschluss 154

After-Sales-Service 159
Versprochen ist versprochen 160
Ausgeliefert 162
Erfolgsstrategie 10 – Schön Wetter machen – Ihr Umgang
mit Vorgesetzen 166
Empfehlungsgeschäft 169
Wer sich rar macht, der macht sich selten 173
Erfolgsstrategie 11 – Werbeflut 175

Vorwort

Lieber Herr Karsten Stanberger,
mit einem Schmunzeln habe ich Ihr Buch gelesen. Meine Gratulation! Sie haben mit Ihrem hintergründigen Humor auf eindrucksvolle und leicht verdauliche Weise die emotionalen Gegebenheiten/Hindernisse im Bauchgefühl der meisten Nichtverkäufer beschrieben. Als Leser begreift man auf einfache Art und Weise, dass die eigenen Verhaltensprägungen, meistens ausgelöst durch unbewusste Fehlprogrammierungen, der größte Gegner im Verkauf sind. Techniken und Praktiken des Verkaufs, die meistens vermittelt werden, sind für den betroffenen nicht umsetzbar, solange er seine eigene Gefühlswelt (oft seine größten Gegner) nicht im Griff hat.
Ich hoffe, dass viele Menschen beim Durcharbeiten Ihres Buches in sich hineinhören und erkennen, dass eine Veränderung in ihrem Leben zuerst bei ihnen selbst stattfinden muss.

Peter Gleim
Präsident BEMERGROUP
Aufsichtsratsvorsitzender BEMER Int. AG

Vorneweg

Die in diesem Buch vorgestellten Ansätze, Ideen und Techniken resultieren aus knapp 20 Jahren Erfahrungen aus Verkauf, Training und Coaching. Einen Anspruch auf Absolutheit habe ich nicht. Sicherlich gibt es andere Methoden; vielleicht bessere – sicher viele schlechtere.

„Das Leben ist wie eine Schachtel Pralinen, man weiß nie, was man bekommt." (Forrest Gump)

Suchen Sie sich aus den Ideen aus, was Ihnen gefällt und machen Sie passend, was Ihnen noch fremd ist. In einigen Kapiteln werden Sie auf Aufgaben stoßen, die Sie zum Mitmachen auffordern. Machen Sie was Sie wollen. Entscheiden Sie sich, einer aus der breiten Masse zu sein und die Aufgaben zu lesen und nicht schriftlich zu machen. Oder stellen Sie sich den Herausforderungen und gewinnen Sie neue Erkenntnisse für sich. Für Ihre Ergebnisse sind Sie selbst verantwortlich. Bedenken Sie: Wer immer nur mit der Herde läuft, hat auch immer Ärsche vor sich.

Die verehrten Leserinnen mögen mir verzeihen, wenn ich mich zugunsten der besseren Lesbarkeit auf das schlichte Geschlecht beschränke. Ab einer Auflage von 10.000 wird dieses Büchlein ausschließlich die weibliche Form verwenden – versprochen.

Hilfe! Ich bin Verkäufer

Vor mehr als 20 Jahren habe ich mich entschieden Verkäufer zu sein. Was war das für eine Zeit. Mein erster Job als Verkäufer: Verkaufsrepräsentant für ein Fünfsternehotel in Dortmund. Auf das schmale Brett Vertrieb bin ich aus der Not gekommen. Als Hotelkaufmann haben Sie immer Dienst. Da ist es egal ob Früh-, Spät-, Nacht- oder Teildienst. Ob Weihnachten, Silvester oder andere Feiertage, Sie arbeiten, wenn andere frei haben. Neben Hoteldirektor und Buchhaltung gibt es eine weitere Abteilung in der Hotellerie, in der an den Wochenenden und Feiertagen nicht gearbeitet wird: die Verkaufsabteilung. Bei allem mir eigenen Übermut, für den Posten des Hoteldirektors als Berufseinsteiger habe ich mich dann doch nicht beworben. Buchhaltung ist für mich heute noch ein Buch mit nicht nur sieben Siegeln. Was blieb mir also anderes übrig? Ich konnte immer schon gut quasseln und auf andere Menschen locker zu gehen.

Als Fünfjähriger habe ich schon die gesamte Straßenbahn unterhalten, wenn meine Mutter mit mir auf dem Weg in die Innenstadt war. Das war nicht immer leicht für meine Mutter – sicherlich aber erkenntnisreich. Sie glauben nicht, was Menschen einem Fünfjährigen auf seine Fragen so erzählen. Mir war damals schon nichts peinlich.

Mein Entschluss es im Hotelvertrieb zu versuchen

war demnach eine naheliegende Schlussfolgerung. Zu meinem Bewerbungsgespräch bin ich mit öffentlichen Verkehrsmitteln gefahren. Was ich nicht wusste, ich würde ein Auto brauchen. Ein Firmenwagen war nicht drin. Also, direkt aus dem Vorstellungsgespräch auf den größten Gebrauchtwagenplatz in Essen. Der sonst überquellende Hof so gut wie leer. Alles, was Räder hatte und es noch ein Stück weiter als bis in das Zonenrandgebiet schaffte, landete eben genau dort: im neuen Deutschland. Uns Ureinwohnern blieb der überteuerte Rest. Ich stand unter Handlungszwang. Mein Job startete nach diesem Wochenende und ich hatte noch kein Auto – und noch kein Geld verdient. Ein wenig ausgedehnter Rundgang mit dem Gebrauchtwagenhändler reichte aus: Die Auswahl fiel auf einen Golf. Das einzige Auto auf dem Platz, das ich mir überhaupt leisten konnte. Ich war mobil und konnte meinen neuen Job antreten.

„Boah ey, watten geilen Hobel", waren die Kommentare an jeder Ampel im Ruhrgebiet – zumindest wenn ein Mantafahrer neben mir stand. Saß meine damalige Freundin allein in dem Auto: „Hömma, an welcher Laterne stehst du denn abends?!" Alles – wirklich ALLES an und in dem Auto war rot. Der Schaltknüppel, das Leder, die Flokatis im Fußraum, die gesamte Innenverkleidung, selbst der Zigarettenanzünder! Die absolute Prollkarre.

Mit einem selbstgebastelten Teleskopspiegel

fuhr ich bis an die Firmenparkplätze meiner Kunden heran. Mit diesem Spiegel galt es zunächst a: zu erspähen ob einer guckt und b: wo ein Parkplatz möglichst weit ab vom Schuss frei ist. Eingeparkt berechnete ich noch schnell wie Steve McQueen in „Gesprengte Ketten" meinen Fluchtweg, um möglichst ungesehen aus meinem Auto ins Gebäude und wieder zurück zu kommen. Geschafft stand ich vor meinen Kunden. Der erste Anzug noch im Schick von Gottlieb Wendehals – statt des toten Federviehs die klassische Aktentasche unter dem Arm. Die Krawatte von damals – heute nicht mehr politisch korrekt – geschmückt mit dem Motiv eines süßen Negerkindes. Dazu: passende Hosenträger.

Schnell lernte ich Eindringling zu sein und selten willkommener Gast. Was ich unter Hartnäckigkeit verstand, war für meine Kunden oft schon Penetranz. Das geht an die Substanz. Abhilfe sollte her: Professionelle Verkaufsseminare sollten meinen Blickwinkel verändern. Ich sei von nun an nicht mehr Verkäufer sondern ein Mensch, der anderen Menschen Lösungen für deren Probleme anbietet: „Du Karsten, gehe einfach mehr auf Deine Kunden zu, Du.".

Den Ratschlag habe ich sogleich bei einem der nächsten Telefongespräche umgesetzt: Ich überwinde meine Hemmungen, lege meine Ängste ab und lächle breit in den Telefonhörer. Ich höre das Freizeichen, eine freundliche Stimme meldet sich. Ich spule den lange einstudierten Telefonleitfaden ab. Dann eine nun schon weniger freundliche Stimme:

„Junger Mann, wollen sie mich verarschen? Gehen sie aus der Leitung."

Auch später noch, als ich nicht mehr in der Hotellerie arbeite, erlebte ich als Handelsvertreter für ein Medizinprodukt auf einer Seniorenmesse Folgendes:

„Und worum geht es bei Ihnen?" werde ich gefragt.

„Die Wichtigkeit einer funktionierenden Durchblutung."

„Durchblutung? Habe ich nicht."

Zarte erste Pflänzchen einer Kommunikation werden rücksichtslos zertrampelt. Glaubt denn alle Welt, ich muss mich zum Vollidioten machen, nur damit meine Umsätze stimmen?

Aber einmal an meinen Lebensstil gewöhnt, hing ich im Netz vielerlei Verstrickungen. Die dicke Spinne Thekla: meine Kunden.

Hier noch ein Zugeständnis und am besten schon gestern. Dort ein Rabatt, sonst droht der Verlust der Aufträge. Ein Gezerre und Gesauge und im Nacken die blanke Angst den Job zu verlieren, wenn ich mich als Opfer nicht behaupte. Na, Mahlzeit.

Zu diesem Druck gesellt sich noch die Demütigung, in schlechten Anzügen rumlaufen zu müssen. Am Hemdkragen für jeden sichtbar der Firmenschriftzug. Der Firmenwagen zugekleistert mit dem

Firmenlogo und markigen Werbesprüchen. Unter dem Arm der Tischflipchart und hinterher gezogen der Koffer für die Produktpräsentation. Der Koffer so groß, dass die Kunden Angst haben mussten, ich würde bei Ihnen einziehen. So ein Auftritt macht keinen Eindruck. So ein Auftritt macht nur eines: Er macht ganz deutlich, dass auf mehr als 10.000 Metern schon erkannt wird: Achtung hier kommt ein Verkäufer.

Es wird systematisch das Selbstwertgefühl torpediert. Permanent mit Minderwertigkeitsgefühlen geplagt, entwickeln sich handfeste neurotische Verhaltensweisen. In den Jahren konnte ich beobachten wie viele meiner Kollegen an Vertriebstourette erkrankten und ausgeprägte Ticks entwickelten. Da wurde so lange am Hemdkragen gezuppelt und der Kopf dabei verdreht, bis diese interessante Übung auch wie von selbst ohne Hemd und Krawatte in Fleisch und Blut übergegangen war. Ein Kollege rollte im Gespräch permanent seine Krawatte bis zum Hals auf, um diese dann mit einem Lächeln wieder fallen zu lassen. Andere Kollegen füllten ihre ohnehin nicht inhaltsschwangeren Sätze mit Füllseln wie „Haldimir", „..., perfekt." und anderem Blödsinn. Gut kamen auch die Grunzgeräusche eines Vertriebskollegen bei seiner Kundschaft an, wenn es mal wieder um den Preis ging.

Auf der Skala der Jobs, in denen die meisten Psychopathen zu finden sind, steht der Beruf des

Verkäufers auf Platz Vier! Ich musste da raus. Ich änderte meine Strategie und meine Einstellung – mit großem Erfolg für mich, meine Lebensqualität und paradoxer weise auch für meine Kunden.

Seit mehr als 20 Jahren beschäftige ich mich mit den Fragen rund um die Persönlichkeitsentwicklung mit Fokus auf Verkauf und Motivation. Ich durfte Menschen von all ihren Seiten kennenlernen. Ich habe ihre Muster hinterfragt. Warum gibt es so viele Verkäufer, die erfolgreich ein ums andere Mal nicht verkaufen? Was ist das Geheimnis hinter diesem Phänomen? Mit den Jahren wuchs in mir ein Verdacht. Das hat System! Anders ist nicht zu erklären, warum zigtausende von Büchern, Millionen von Seminarstunden zum Thema Verkauf, Selbstfindungstrips und alle Motivationsgurus der Welt das Heer der Verkäufer nicht bewegen können, erfolgreich zu verkaufen.

Die Ostermann-Eröffnung

Meine Frau ist beruflich ebenso viel unterwegs wie ich. Da kommt das gemeinsame Einkaufen oft zu kurz. Sehen wir etwas, das uns gefällt, fotografieren wir das schnell mit dem Handy und senden das Bild einander zu. So können wir viele Einkäufe über hunderte von Kilometern hinweg erledigen. Eine praktische und schnelle Möglichkeit sich abzustimmen, ob Dinge gekauft werden, oder eben nicht. Kurz vor einem längeren Auslandsaufenthalt meiner Frau hatte sie eine Couch entdeckt, die ihr gefiel. Ich sollte mir diese vor Ort ansehen und entscheiden, ob wir das Möbel kaufen. Mit der Absicht eine neue, nicht gerade günstige Couch zu kaufen bin ich los. Das Objekt der Begierde vor mir, möchte ich mich noch schnell versichern auch die richtige Couch entdeckt zu haben. Knie mich auf den Boden und mache ein Foto mit dem Handy, um dies meiner Frau zum Abgleich zu senden.

„Das haben wir gar nicht gerne …!" raunzt mich ein Verkäufer über mir stehend drohend an. Ich erschrecke und schaue in ein Sonnenbank gebräuntes Gesicht. Die Haare mit literweise Haargel in die Kopfhaut eben eingearbeitet und beide Hände in den Taschen seiner Anzughose vergraben schaut ER auf mich herab. Ich bekomme gar nicht mit, dass es mir die Sprache verschlagen hat.

Die Betonung auf jedem einzelnen Wort: „Ich

sagte, das haben wir gar nicht gerne." Jetzt die Worte gedehnt und langsam ausgesprochen: „Gar nicht gerne."

Mir läuft ein Schauer über den Rücken. Ich versuche mir schnell noch vor Augen zu führen, was eben passiert ist. Ich war bereit mehr als fünftausend Euro für eine Couch auszugeben. Ich hatte die feste Absicht gemeinsam mit meiner Familie zu Weihnachten schon auf dem neuen Möbel zu sitzen und die Feiertage gemütlich zu genießen. In Gedanken hatte ich das Wohnzimmer neu eingerichtet. Mir war klar, wenn das die Couch ist, die meine Frau meint, dann brauche ich dazu auch zwei neue Sessel. Eine kurze Bestätigung meiner Frau und ich hätte zugeschlagen – kein Zweifel.

Wer immer an diesem Tag mich beraten wollte – ich brauchte keine Beratung mehr. Eine Situation in der nichts mehr schief gehen kann – eigentlich.

„Das ist vielleicht nicht der beste Start, meinen Sie nicht auch?" Der Verkäufer lächelt. Sagt keinen Ton. Ohne zu bemerken was passiert, rechtfertige ich mich: „Äh, ich meine, guten Tag wäre doch ein guter Einstieg, oder? Ich schicke die Bilder meiner Frau. Sie ist im Ausland unterwegs. Und ich möchte sicher gehen die richtige Couch zu kaufen." Ich fühle mich lächerlich. Der Verkäufer sucht den Blickkontakt zu einem seiner Kollegen. Beide schütteln den Kopf und lachen. „Ich glaube wir lassen das," bringe ich noch heraus. Wende mich zum Gehen und höre wie der Verkäufer noch sagt: „Ja, das ist eine gute Idee. Lassen Sie das." Beide Verkäufer beginnen lauthals zu lachen.

Ich wende mich gedemütigt an den Verkaufsleiter. Es muss doch einen Menschen in diesem Möbelhaus geben, der mich versteht? In dem Gespräch merke ich schnell, diese Farce hat System. Der angestellte Verkaufsleiter hat gar kein Interesse daran, mich ernsthaft als Kunden zu behalten. Warum auch, fährt es mir durch meinen Kopf. Alle haben ihre Ruhe und im Ernst – erfahren wird von diesem Vorfall doch sowieso niemand, den es interessieren könnte, zum Beispiel den Investor, Besitzer und sonst irgendjemand, der ein wirkliches Interesse daran hat, dass der Laden genug Rendite abwirft. Schwamm drüber.

Nach diesem Erlebnis habe ich mich auf die Suche gemacht nach dem WARUM. Warum verhalten sich die meisten Verkäufer so oder so ähnlich. In hunderten von Gesprächen mit Verkäufern arbeiteten wir das System dahinter heraus: Es lebt sich schlichtweg leichter ohne Kunden. Diese Erkenntnis hat mich dazu gebracht meine Erfahrungen und die entdeckten Strategien anderen Verkäufern in Seminaren, Vorträgen und in diesem Buch näher zu bringen.

Vielleicht sind Sie auf Ihrem Lebensweg bedauerlicherweise an irgendeiner Stelle falsch abgebogen, und Sie hatten keine andere Wahl, als Verkäufer zu werden? Ihnen, der Sie selbstverschuldet oder unverschuldet Ihren Berufsalltag als Verkäufer fristen müssen, muss geholfen werden! Dieses Buch ist Enthüllung und Anleitung zugleich. Erfahren Sie, was hinter diesem System steckt.

Niemand kann von Ihnen verlangen, sich zu verbiegen. Der Nichtverkäufer passt sich nicht an – außer er verspricht sich dadurch einen eigenen Vorteil. Die große Herausforderung ist es, nicht als Verkäufer enttarnt zu werden und trotzdem seine Rechnungen bezahlen zu können.

Dieses Buch soll Ihnen ein Leitfaden sein, wie Sie erfolgreich nicht als Verkäufer erkannt und diskriminiert werden können. Sie werden lernen, mit Druck anders umzugehen. Das ewige Generve Ihrer Kunden werden Sie lernen erfolgreich zu überhören. Läuft es im Betrieb nicht rund – Sie wird man dafür nie wieder zur Verantwortung ziehen. Sie werden lernen, wie Sie sich endlich wieder Freiräume auch während Ihrer eigentlichen Arbeitszeiten schaffen. Nutzen Sie die neuen Erkenntnisse, um wieder Zeit für sich und Ihre Lieben zu reservieren. Das alles ohne Ihren Job zu verlieren. Mit den Anregungen und Tipps werden Sie es schaffen, ein erfolgreicher Nichtverkäufer zu werden. Verkaufen können muss man lernen, nicht Verkaufen können auch.

Herausforderungen

Sie verdienen Ihr Geld durch den Verkauf. Das hat man Ihnen erfolgreich eingebläut. Ist Ihnen schon einmal aufgefallen, dass Sie gerade als angestellter Verkäufer Ihr Geld auch OHNE zu verkaufen verdienen?

Erreichen Sie jeden Monat Ihre Umsatzziele? Bekommen Sie nicht trotzdem Ihr Gehalt? Schütten Firmen, mit denen Sie als selbständiger Verkäufer arbeiten, nicht auch einen Teil Ihrer Provisionen aus – oft sogenannte Bestandsprovisionen? Sie brauchen als neuer Nichtverkäufer Spielräume. Sie brauchen ein Umfeld, in dem Sie sich entfalten können. Provisionen machen Druck! Streben Sie ein möglichst hohes Fixum an und befreien Sie sich von dem Druck für Ihre Provision zu arbeiten. Dem Unternehmer schaden Sie damit nicht.

Die Rechnung ist simpel: Sie verkaufen nicht – die Firma schüttet keine Provision aus. In Zeiten des Bestrebens der Unternehmen, alles planbar und in Kennzahlen zu erfassen, unterstützen Sie diesen Wunsch. Durch Ihr Nichtverkaufen wird Ihr Fixum eine wirklich planbare Größe für Ihren Auftrag- bzw. Arbeitgeber.

Die Anforderungen an Sie als Verkäufer haben sich geändert. Der Kampf um den oft zitierten Markt ist längst entbrannt. Nachfragedefizite und ein Übermaß an Angebot machen das Verkaufen schwieriger.

Der Kunde will als Individuum wahrgenommen werden. Er will begeistert werden. Für Sie als Verkäufer bedeutet das noch mehr Arbeit. Sie sollen sich auf Ihre Kunden einlassen. Schlimmer noch: In diversen Büchern zum Thema Kundenbindung entdeckte ich den Begriff des Kunden 3.0. Der Kunde 3.0 will nicht nur wahr- und ernstgenommen werden, er will auch noch mitgestalten!

Soll er doch! Ich halte das für eine hervorragende Idee. Soll doch der werte Kunde nicht nur im Laden vor Ort entscheiden, welche Farbe sein neuer Anzug haben soll, sondern gleich bei der Fertigung in Bangladesch in erster Reihe mit dabei sein. Das gibt einen ganz anderen Bezug. Gemeint ist damit vermutlich was ganz anderes. Da soll in alles mithinein gewirkt werden. Der Verkäufer nimmt seine Kunden mit und holt sie da ab, wo sie gerade stehen – mit viel Verständnis und Einfühlungsvermögen. Ich bitte Sie, arbeiten Sie nicht schon genug? Ist es Ihre Aufgabe, den Kunden an Sie zu binden, um die Arbeit mit ihm gar nicht mehr los zu werden? Die Ansprüche der Kunden wachsen schneller als der Schimmel auf Ihrem Pausenbrot, zu dem zu essen Sie gar nicht mehr kommen vor lauter Arbeit.

Sie stellen sich jeden Tag diesem Kampf. Sie sind es, der die Schmach von Familie, Freunden und Bekannten zu spüren bekommt. Sie müssen die Ignoranz Ihrer Kunden ertragen, wenn Ihre Kunden Sie abservieren und trotz Ihrer Vorarbeit nicht bei Ihnen kaufen. Sie haben die Nase voll. Sie möchten nicht länger als Verkäufer erkannt und behandelt werden.

Die Zeit ist reif! Dieser Ratgeber wird Ihnen zeigen, wie Sie garantiert nicht mehr in den Verdacht kommen, etwas verkaufen zu wollen. Als erfolgreicher Nichtverkäufer erschließen Sie sich Freiräume für Ihre eigene Entwicklung. Sie stellen sich wieder in den Mittelpunkt und nicht den Kunden oder Ihre Arbeit.

Die Einstellung muss stimmen

„Mache dir die Welt, wie sie dir gefällt."
(frei nach Pippi Langstrumpf)

Ihre Art, die Dinge zu sehen ist Grundlage für Ihre Reaktionen auf sie. Sie bestimmen, welche Bedeutung Sie den Dingen beimessen. Bisher begegnen Sie Ihren Kunden freundlich und offen. Was ist die Reaktion Ihrer Kunden auf Sie? Vermutlich freundlich und offen. Kann es sein, dass die Reaktionen von anderen auf Ihr Verhalten auf den gleichen Mechanismus zurückgehen? Entdeckt Ihr Gegenüber in Ihnen und Ihrer Art etwas Freundliches und Offenes wird er was tun? Er wird ebenso freundlich und offen reagieren. Ihr Verhalten löst eine unmittelbare Reaktion bei Ihrem Gegenüber aus – Sie entscheiden welche. Es liegt an Ihrer Einstellung, wie Sie die Dinge bewerten. So weit die Theorie.

„Junger Mann, vergessen Sie nicht, wer hier Ihr Gehalt bezahlt!"

Für Chefs, Seminarleiter und Unternehmensberater gibt es nur einen, von dem Existenzen von Unternehmen und damit Millionen von Arbeitsplätzen abhängig sind: der Kunde. Da wird gefaselt von der wichtigsten Person in einem Unternehmen, von der alle Beschäftigten abhängig sind. Ein zum religiösen Wesen aufgeblähter Kunde, der dem Verkäufer seine Wünsche übermittelt. Und der Verkäufer zeigt sich dankbar, diese Wünsche erfüllen zu dürfen. In Demut verbeugt sich die Verkäuferschar vor der Großzügigkeit der Kunden, ihnen die Gelegenheit zu dienen zu geben. Der Kunde erwartet immer und überall in den Mittelpunkt gestellt zu werden. Die Welt dreht sich um ihn. Stets auf seinen Vorteil bedacht, ist dem Kunden keine Forderung und kein Argument zu weit hergeholt, um seine vermeintlichen Rechte einzuklagen. Da wird beleidigt und gepöbelt.

Tonnen von Puderzucker in irgendwelchen Köperöffnungen geblasen, auf goldenen Schilden durch die Konsumtempel getragen drängen sich zwei Fragen auf: Darf der Kunde heute alles? Und: Muss der Verkäufer sich prostituieren und alles mit sich machen lassen? Die Antwort auf beide Fragen lautet: Ja. Solange der buckelnde Kundendiener demütig alles mit sich machen lässt, stimmt die Kundenbeziehung. So einfach kann Verkaufen sein.

Unveränderliche Kennzeichen des erfolgreichen Nichtverkäufers

Wo andere Verkäufer nach Abschlüssen jagen, entspannen Sie als neuer Nichtverkäufer. Niemand zieht freiwillig in den Krieg. Auch dann nicht, wenn es dafür hohe Provisionen gibt. Sie haben erkannt: Der Kunde stört. Die Kunst ist es, ab sofort einen Weg zu finden, Ihre Kunden weiträumig zu meiden, ohne dass Sie dabei Ihren Job riskieren. Das ist die hohe Kunst in Ihrem Beruf. Sie schaffen sich Zeit für die wirklich wichtigen Dinge und bleiben von Angriffen und Enttäuschungen verschont.

Beginnen Sie Ihre Karriere als Nichtverkäufer, indem Sie Ihre Einstellung zu Ihrem Beruf ändern. Ganz unverdächtig legen Sie hier den Grundstein für alle weiteren Schritte. Wie lange schon nerven Sie Ihre Kunden, Chef und Mitarbeiter vor allem aus den administrativen und buchhalterischen Berufen? Wollten Sie nicht schon lange aussteigen? Jetzt bekommen Sie Ihre Gelegenheit, innerlich ein Aussteiger zu werden, ohne am Ende des Monats auf Ihr Gehalt zu verzichten. Viele Menschen werden in ihren Berufen krank und kosten ihre Arbeitgeber unzählige Summen. Sie hingegen betreiben konsequente Prävention. Sie achten auf sich und auf Ihre Gesundheit.

Als neuer erfolgreicher Nichtverkäufer überzeugen Sie durch Tatendrang und Geschäftigkeit. Sie beherrschen die hohe Schule, Ihr Umfeld mit Ihrem Eifer zu beeindrucken. Mit einem hohen Maß an Motivation finden Sie immer wieder Wege, den immer mehr werdenden Anforderungen Ihrer Kunden aus dem Weg zu gehen. Sie beschäftigen Ihre Bestandskunden mit einer nicht endenden Beratung. In jeder Angebotsphase finden Sie den Punkt, über den der Kunde unbedingt noch einmal nachdenken sollte. Gekonnt spielen Sie den Ball immer wieder zurück.

Der Kunde steht immer im Mittelpunkt – und damit allen und allem im Wege

Wie sieht Ihr Alltag als Verkäufer aus? Termine und Telefonate bestimmen den Ablauf. Ständig will irgendwer irgendetwas von Ihnen. Sie versuchen, sich Tag für Tag auf Wesentliches wie Einträge im Internet über Ihr Produkt zu konzentrieren. Sie kümmern sich um das Aufarbeiten Ihrer Zahlen und Prognosen. Sie werten Ihre Arbeit theoretisch aus. Angebote der Konkurrenz studieren Sie genau. Da sind noch die vielen Konzepte, an denen Sie arbeiten, wie Sie den Vertrieb mit Ihren Ideen revolutionieren werden. Und dann? Das alles kann so schön sein, wenn nicht einer da wäre, der permanent stört: der Kunde.

Die Zeit ist reif für ein neues Feindbild

Es ist kurz vor zehn Uhr. Ihre Festung noch fest verschlossen. Der Kaffee in der Tasse duftet und macht Lust auf Ihre erste Pause. Vor dem Schaufenster stehen sie schon und warten. Warten muss nun auch der Kaffee. Der Teufel ist los, wenn Sie die Türen nicht pünktlich öffnen.

„Was glauben Sie eigentlich? Ich habe nicht ewig Zeit. Anders als Sie bin ich schon lange auf den Beinen. Sie öffnen ja erst um Zehn.", so ein älterer Herr.

‚Werter Herr, Sie haben wirklich nicht mehr viel Zeit – in Ihrem Alter', denken Sie sich und schlucken doch diese passende Bemerkung zum biologischen Verfallsdatum Ihres Gegenübers hinunter. Devot bitten Sie für die Verspätung von nicht einmal drei Minuten um Entschuldigung.

Der nächste Eindringling kommt auf Sie zu und fragt respektvoll:

„Hömma, habt ihr auch Flatrate?"

„Ja, …"

„Was kostet die?"

„Sie erhalten einen Monat alle Telefonate im deutschen Fest- und Mobilfunknetz für nur 19,99 EUR im Monat."

„Kann man da noch preislich was machen?

Obwohl Sie Ihren Kaffee noch nicht getrunken haben – Sie haben ihn jetzt bereits für den Rest des Tages schon auf.

Ihre Einstellung zu Ihren Kunden muss sich ändern. Daran zu arbeiten ist Ihre erste Aufgabe als neuer Nichtverkäufer. Lassen Sie sich nicht von selbsternannten Verkaufstrainern in die Irre führen. Haben Sie sich schon einmal die Frage gestellt, was einen Spitzenverkäufer dazu veranlasst, statt horrende Provisionen einzustreichen, lieber Verkaufstrainer zu werden? Entweder, um noch horrendere Gagen statt Provisionen zu kassieren, oder weil in der Theorie eben doch vieles sehr viel einfacher ist, als in der Praxis.

Wie lange werden Sie sich noch abplagen mit den nörgelnden, redseligen, ewig misstrauischen, unentschlossenen und überheblichen Kunden? Vergessen Sie Sprüche wie ‚der Kunde ist König'. Der Kunde ist dann König, wenn er akzeptiert, dass Sie der Kaiser in Ihrer Beziehung sind!

Sicher, Sie denken jetzt vielleicht, ein solches Auftreten ist nicht gerade Sympathie fördernd. Richtig. Die gute Nachricht: Das soll es auch gar nicht. Sobald Sie als neuer Nichtverkäufer dem Kunden gegenüber Sympathie entwickeln und im schlimmsten Fall der Kunde auch für Sie, beginnt hier der lange und zeitintensive Weg der klassischen Kundenbeziehung.

Nach Jahren werde ich heute noch von Kunden in manchen technischen Fragen zu einem Produkt angerufen, das ich ihnen mal verkauft habe.

„Herr Stanberger, das geht nicht mehr."

„Was genau geht nicht mehr?"

„Na, der Knopf. Immer wenn ich den drücke, dann piept es so komisch."

„Jetzt gibt es ja einige Knöpfe, welchen drücken Sie denn?"

„Glauben Sie ich bin bescheuert? Den Knopf zum Starten natürlich."

„Und wenn Sie den drücken, dann piept es?"

„Ja, das ist nicht erst seit heute so."

„Schon immer? Wie meinen Sie das?"

„Herr Stanberger, hören Sie mir eigentlich zu? Immer wenn ich den Startknopf drücke, dann piept es."

„Das, was Sie da hören ist der Ton, der Ihnen akustisch zu verstehen gibt, Sie haben alles richtig gemacht."

„Daran habe ich ja auch keinen Zweifel. Es piept eben so komisch. Das geht mir jetzt nach vier Jahren eben auf die Nerven. Ändern Sie das gefälligst."

Wollen Sie bei jeder Frage des Kunden noch nach dem Kauf angerufen werden? Wollen Sie der Blitzableiter sein, wenn mal Dinge nicht so laufen, wie der werte Herr Kunde sich das vorstellt?

„Sie wissen schon, ich habe schon so manchen Prozess gewonnen."

Gibt es in Ihrem Unternehmen nicht andere Mitarbeiter anderer Abteilungen, die dafür zuständig sind? Überlassen Sie diesen Mitarbeitern die Arbeit. Sollen doch all die frustrierten Kunden Ihren Kollegen auf die Nerven gehen. Was kümmert es Sie, wenn der Kunde aus irgendwelchem Grund etwas zu beanstanden hat? Sie sind nicht verantwortlich für das Qualitätsmanagement. Sie kennen sich nicht aus in Sachen Fertigung. Warum sollten Sie auch noch verantwortlich sein für die Logistik?

„Das kannst du doch nicht machen! Was soll denn dein Chef von dir denken?! Wenn du jetzt deinen Job verlierst? Wer soll denn das alles verdienen, was wir so zum Leben brauchen? Andere machen das doch auch nicht. Was denken die Nachbarn wenn du arbeitslos bist? Die Zeiten sind nicht rosig, wie du dir das immer vorstellst. Du hast Verantwortung!" und so weiter und so fort. Sie sind bereit, wichtige Dinge in Ihrem Leben zu verändern. Auf Ihrem Weg zum erfolgreichen Nichtverkäufer werden Sie angegriffen, belächelt und bekämpft. Die Zweifler und Nörgler warten auf Sie. Wie Aasgeier stürzen sie sich auf Menschen, die sich aufmachen neue Wege zu gehen.

Befreien Sie sich von Ihrer Angst. Sehen Sie sich einmal um. Wie viele Verkäufer kennen Sie, und wie viele davon haben sich längst auf den Weg gemacht, erfolgreiche Nichtverkäufer zu werden? Wenn man sich die Auswüchse in unserer Branche Verkauf ansieht, muss man sich ernsthaft Gedanken um seinen Job machen. Wem soll ich denn da Draußen noch das Nichtverkaufen beibringen. Die allermeisten der Verkäufer beherrschen das doch längst bis zur

Perfektion. Was vielen von ihnen aber fehlt ist, auch dazu zu stehen. Es gibt noch viel zu tun.

Halten Sie sich nicht mit unnötigen Dingen auf. Alles was Ihnen im Weg ist, schieben Sie auf Ihre Kollegen ab. Das macht Ihnen keine Freunde. Was soll´s – Sympathie wird im Verkauf und in Kollegenkreisen völlig überbewertet. Sie sind stark. Niemand ist so toll wie Sie da draußen. Wozu brauchen Sie die Bestätigung durch die Kunden?

Erfolgsstrategie 1
Die richtige Stimmung

In Ihrer Zeit als Verkäufer gibt es zahlreiche Erlebnisse, die bei Ihnen für schlechte Stimmung gesorgt haben. Da sind die Kunden, die Sie mit ihren Fragen von der Pause abhalten. Kunden, die Sie abgelehnt haben.

„Herr Stanberger, ich brauche ganz dringend einen Termin bei Ihnen."

„Das tut mir wirklich leid. Ich bin im Urlaub. Sie erreichen mich gerade auf dem Handy"

„Da habe ich aber Glück. Urlaub? Schön für Sie, dann haben sie ja viel Zeit für mich und einen Termin jetzt gleich."

Kundenerlebnisse sind eine wahre Schatztruhe, um so richtig schlecht draufzukommen. Wievielmal haben Sie ein Nein ertragen müssen, um ein lausiges Ja zu erhalten? Sie dürfen sich großartig fühlen. Sie sind ein Meister im Ertragen dieser ganzen Störungen und Schmach. Bisher stehen Sie immer wieder auf. Ab sofort machen Sie andere, vor allem Ihre Kunden für Ihre Launen verantwortlich. Sollen die doch sehen, was sie davon haben, mit Ihnen so umzugehen. Nutzen Sie Ihre Wut, um sich so richtig mies zu fühlen. Auftragserfassung, Aftersales-Service und Empfehlungsgeschäft, das sind Arbeiten, die macht keiner gerne. Sie brauchen ein starkes Feindbild, um als neuer Nichtverkäufer garantiert zukünftig von diesen lästigen Arbeiten verschont zu bleiben.

Das Leben ist so verdammt kurz!
Nicht für diese Übungen

Eine Übersicht aus der Zeitschrift GEO bringt es ans Licht: 24 Jahre unseres Lebens verbringen wir schlafend im Bett. Dafür können wir nur bedingt etwas.

Wofür wir uns aber aktiv entscheiden unsere Lebenszeit zu verschleudern, treibt mir kalten Schweiß auf die Stirn:
- Neun Jahre arbeiten wir für unseren Lebensunterhalt.
- Zweieinhalb Jahre sitzen wir im Auto, davon sechs Monate im Stau.
- Neun Monate lang befinden wir uns auf dem Weg zur Arbeit.

Für uns und unsere Lieben bleibt dagegen deutlich weniger Lebenszeit: Von neun Jahren Arbeit machen wir nur acht Wochen während der Arbeit Pause. Das sind lächerliche 0,2% unserer gesamten Arbeitszeit.

Gerade mal sechs Wochen verbringen wir mit dem sexuellen Vorspiel. Zugegeben, hier senken wir Männer den Schnitt.

Ganze zwei Wochen küssen wir und nur neun Monate spielen wir mit unseren Kindern.

Neun Jahre Ihres Lebens verbringen Sie Ihre wertvolle Zeit meistens mit Menschen, die Sie nicht einmal im Bus neben Ihnen sitzen lassen würden. Kunden, die Ihnen den Löwenanteil Ihrer Lebenszeit rauben. Zweieinhalb Jahre sitzen Sie sich überwiegend auf dem Weg zu Kunden und zur Arbeit Ihren Hintern im Auto platt. Statt mit unseren Kindern zu spielen und unsere Partner zu küssen, bügeln wir neun Monate unserer Lebenszeit unsere Hemden für den Job.

Wir alle streben danach, maximale Freude zu erfahren und Schmerzen zu vermeiden. Warum gelingt es nur wenigen, dieses Prinzip auch in ihrem Berufsalltag anzuwenden? Bringen Sie neuen Schwung in Ihre Arbeitszeit. Sorgen Sie dafür, dass die Zeit, die Sie unweigerlich mit Arbeit verbringen müssen, um Ihren Lebensunterhalt zu verdienen, maximalen Spaß macht. Es ist Ihre Zeit. Ihre Zeit gehört Ihnen und Sie allein bestimmen darüber, mit was und wem Sie Ihre Zeit verbringen.

Vielleicht haben Sie schon eine Idee. Überlegen Sie einmal in Ruhe, was Sie lieber mit Ihrer wertvollen Zeit anfangen würden. Nun werden Sie nicht gleich zum Privatier. Irgendwoher muss das Geld für Ihren Lebensunterhalt auch in Zukunft kommen. Wie könnten Sie die Zeit, die Sie mit dem Verkaufen und allem Drumherum verschwenden zukünftig nutzen? Listen Sie all die Dinge auf, die Sie lieber tun, als zu verkaufen. Nehmen Sie sich Zeit und seien Sie ehrlich zu sich selbst. Schreiben Sie spontan auf, was Ihnen dazu einfällt. Viel Spaß auf den folgenden Seiten.

Womit beschäftigen Sie sich während Sie eigentlich arbeiten?
Oder womit möchten Sie sich lieber beschäftigen?

Statt zu verkaufen habe ich viel mehr Lust auf:

_____

_____

_____

_____

_____

_____

Was bringt Sie in Ihrem Job so richtig auf die Palme?

Listen Sie drei Situationen aus Ihrer beruflichen Laufbahn auf, die bei Ihnen für extrem schlechte Stimmung gesorgt haben. Was waren Ihre Gedanken und wie haben Sie sich dabei gefühlt? Lesen Sie bitte erst weiter, wenn Sie die Fragen der Reihe nach beantwortet haben.

Situation 1

_____

Gedanken und Gefühle

_____

_____

_____

Situation 2

_____

Gedanken und Gefühle

_____

_____

_____

Situation 3

_____

Gedanken und Gefühle

_____

_____

_____

Machen Sie bitte direkt weiter

Was sind Ihre ersten Gedanken zu den folgenden Aussagen?

Kunden sind:

_____

_____

_____

Meine Arbeit bedeutet mir:

_____

_____

_____

Die Qualität Ihrer Fragen bestimmt Ihre Stimmung. Während dieser kleinen Übung haben Sie Ihren Fokus auf Ihre negativen Erfahrungen gelegt. Entsprechend sind vermutlich Ihre Gedanken zu Ihren Kunden und Ihrem Job ausgefallen.

Um uns in Gedanken etwas vorzustellen, sei es

Vergangenes, Zukünftiges – real oder konstruiert – greifen wir auf unterschiedliche Methoden ganz unbewusst zurück. Eine der stärksten Methoden ist unsere Vorstellungskraft. Um sich an Ihre negativen Erfahrungen zu erinnern, haben Sie vermutlich auch den ein oder anderen Film vor Ihrem inneren Auge gesehen. Wir nehmen unsere Umwelt über Bilder nahezu ungefiltert wahr. Unser Sprachzentrum hat sich lange nach dem Sehvermögen entwickelt. In Bruchteilen von Sekunden – nur über den visuellen Eindruck – mussten Sie als Steinzeitverkäufer entscheiden, ist der Säbelzahntiger Ihres Kunden bissig oder will er nur spielen – Angriff oder Flucht. Es ist nachvollziehbar, die Gene der Verkäufer, die auf Angriff gesetzt haben, spielten im weiteren Verlauf der Evolution keine Rolle mehr. Als Abendessen für den Säbelzahntiger geendet, nahmen sie nur noch als Düngemittel an den weiteren Verläufen der Entwicklung unserer Erde teil. Die Flüchtlinge überlebten. Eventuell ohne eigenes Abendessen, aber auch mit leerem Bauch kann man sich vermehren. Der Verdacht liegt also nahe: Die heutigen Verkäufer stammen von Angsthasen ab. Das würde zumindest einiges erklären.

Visualisierung

Mit Fragen können wir Stimmungen beeinflussen. Nutzen Sie die Kraft der Bilder und arbeiten Sie erfolgreich an Ihrem neuen Feindbild. Malen Sie sich in allen Farben aus, wie unausstehlich die Situationen mit Ihren Kunden sein können. Erleben Sie diese Situationen in Ihrer Phantasie, als wären sie bedrohliche Realität. Spüren Sie bei Ihren Übungen zum Beispiel die Wut über das ewige Generve immer dann, wenn Sie sich gerade um andere wichtige Dinge kümmern. Erlauben Sie sich es zu übertreiben. Erschaffen Sie Situationen, die Sie an den Rand Ihrer körperlichen Belastbarkeit bringen. Sie sorgen so dafür, dass die Dinge kommen, wie Sie sie gerne haben möchten. Wiederholen Sie diese Übungen täglich. Sie werden sehr schnell bemerken, wie für Sie ein ungezwungener und offener Umgang mit Ihren Kunden unmöglich wird. Genießen Sie diese Momente und denken Sie bitte daran und belohnen Sie sich dafür.

Pro und Contra

Ihre Einstellung zu Ihren Kunden, Ihrem Chef hat sich geändert. Sie spüren die Wut und das Unbehagen. Nun machen Sie sich bitte eine Liste. Führen Sie einzeln auf, was Sie an Ihrer momentanen Situation als klassischer Verkäufer mögen und was davon Ihnen nicht passt. Lesen Sie bitte erst weiter, nachdem Sie Ihre Liste erarbeitet haben.

Pro	Contra
_____	_____
_____	_____
_____	_____
_____	_____
_____	_____
_____	_____
_____	_____

Bitte wiederholen Sie die Visualisierungsübung. Nehmen Sie sich ausreichend Zeit und malen Sie sich in allen Farben aus, welche fürchterlichen Situationen mit Ihren Kunden Sie sich vorstellen können. Treiben Sie es soweit, dass Ihnen allein die Vorstellung körperliche Schmerzen verursacht. Dann machen Sie Ihre Liste bitte noch einmal:

Pro   Contra

_____   _____

_____   _____

_____   _____

_____   _____

_____   _____

_____   _____

_____   _____

Ängste überwinden – mit Mut überzeugen

Wenn der Kunde meckert und dabei beleidigend wird, dann versachlicht der gute Kundendiener das Gespräch. Wie der letzte Idiot steht der Verkäufer dann dar, wenn er sich zu guter Letzt auch noch für die „Offenheit" des Kunden bedankt. Das ist nur ein Beispiel von vielen guten Ratschlägen diverser Verkaufs- und Kommunikationstrainer. Wer aber gibt sich schon gerne der Lächerlichkeit preis? Sie werden beleidigt und verbal niedergemacht. Stellen Sie sich bitte diese Situation draußen auf der Straße vor. Ein Ihnen unbekannter Mensch brüllt Sie an und beleidigt Sie. Wie würden Sie vermutlich instinktiv reagieren wollen? Erwächst da nicht der Drang, die Faust aus der Tasche zu holen oder zumindest ebenfalls zu brüllen? Noch ein Wort und Sie können für nichts mehr garantieren.

Neue Situationen können Sie verunsichern. Viele Jahre haben Sie Techniken und Methoden lernen müssen. Einen Großteil davon werfen Sie jetzt auf Ihrem Weg über Bord. Der Trennungsschmerz wird sich in Grenzen halten, wenn Sie erst einmal spüren, welche Vorzüge Ihre neuen Herangehensweisen für Sie haben.

In vier Schritten zum erfolgreichen Nichtverkäufer

Bevor Sie sich mit diesem Buch beschäftigt haben, haben Sie sich vermutlich mit den hier vorgestellten Methoden nicht auseinandergesetzt. Sie lebten wie in einer Wolke. Sie haben gemacht, was Sie immer machen, so wie Sie es gesagt und gelernt haben.

Die vier Stufen der Kompetenz

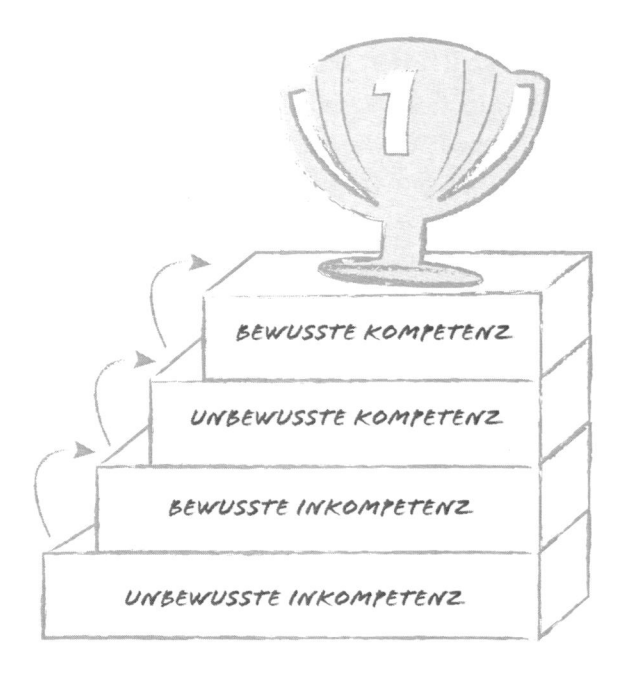

BEWUSSTE KOMPETENZ

UNBEWUSSTE KOMPETENZ

BEWUSSTE INKOMPETENZ

UNBEWUSSTE INKOMPETENZ

Unbewusste Inkompetenz
Bis zu dem Zeitpunkt zu dem Sie dieses Buch in die Finger bekommen haben, war Ihnen nicht bewusst, dass es erfolgreiche Nichtverkäufer überhaupt gibt. Vielleicht haben Sie sich ja schon einmal gefragt, warum Ihre Kollegen sich benehmen, wie sie sich benehmen. Dass dahinter ein ausgeklügeltes System zum Selbsterhalt und Selbstschutz steckt, war Ihnen nicht klar. Wären da nicht Ihre Kunden, Kollegen und Ihr Chef – Sie könnten zufrieden sein. Ihre völlige Ahnungslosigkeit in Sachen Nichtverkäufer könnten Ihnen vollkommen egal sein. Sie wissen nicht einmal, dass Sie nichts wissen. Ein geradezu paradiesischer Zustand.

Bewusste Inkompetenz
Mit der Erkenntnis um die Existenz des „Systems Nichtverkäufer" trifft es Sie zunächst hart: Ihnen wird schmerzhaft bewusst, Sie haben keine Ahnung, wie das System funktioniert. Ihnen bieten sich zwei Möglichkeiten damit umzugehen:
1. Sie belassen alles wie es ist. Sie reden sich ein, nichts von den Ideen der erfolgreichen Nichtverkäufer zu halten. Die Dinge sind eben so wie sie sind und damit basta. Sie legen dieses Buch ganz schnell zur Seite.
2. Sie akzeptieren Ihre Unwissenheit um die Methoden erfolgreicher Nichtverkäufer. Sie entscheiden bewusst, sich aus Ihrer persönlichen

Komfortzone zu bewegen. Sie wollen über sich hinauswachsen. Für 30 Tage arbeiten Sie mindestens für zehn Minuten an Ihren neuen Ansichten und den neu erlernten Methoden aus diesem Buch. Innerhalb dieser Zeit werden Sie feststellen, wie sich Ihr Bewusstsein um Ihre Kompetenz als neuer Nichtverkäufer verändert.

Bewusste Kompetenz
Erfolgreich haben Sie Ihre neuen Ansichten und Methoden aus diesem Buch trainiert. Sie wissen um einige Techniken und haben erste Fähigkeiten erlernt, um als Nichtverkäufer erfolgreich zu sein. Nur: Einmal von einem ausgelatschten Weg abgewichen macht noch keinen neuen Trampelpfad. Für Sie bedeutet das, Wiederholung, Wiederholung und nochmals Wiederholung. Wiederholung macht aus neuen Wegen erst ein neues neurologisches Programm. Noch fehlt es an Automatismen.

Unbewusste Kompetenz
Mit der Zeit sind Ihnen die Verhaltensweisen und Methoden in Fleisch und Blut übergegangen. Sie haben Ihr Ziel erreicht. Aus Ihrer neu gewonnenen Mitte heraus agieren Sie ganz wie von selbst. Sie sind stark und selbstbewusst.

Ihr Weg vom frustrierten Kundenbückling hin zum entspannten, zufriedenen und erfolgreichen Nichtverkäufer führt Sie durch diese vier Stufen.

Der erste Schritt ist zu gleich der größte. Überwinden Sie Ihre Ängste vor dem Neuen. Vielleicht gehen Ihnen Gedanken durch den Kopf, wie:

Wie werden meine bestehenden Kunden reagieren, wenn ich mich zukünftig nicht mehr so verhalte, wie sie es gewohnt sind?

Wie wird mein Umfeld, mein Chef reagieren, wenn meine Abschlussquote sich zum Nachteil für das Unternehmen verändert?

Das sind Zweifel. Zweifel basieren auf Annahmen und jede Annahme ist der Beginn einer Katastrophe. Als erfolgreicher Nichtverkäufer interessiert es Sie schlichtweg nicht, wie Ihre Kunden, Ihr Umfeld und schon gar nicht, wie Ihr Chef oder Ihre Kollegen über Sie denken. Sie haben die Methoden und Techniken verinnerlicht. Ihre Kompetenz als Nichtverkäufer steht außer Frage. Sie haben Ihren Weg erkannt. Jetzt fassen Sie den Mut und kommen in die Umsetzung!

Erfolgsformel: vom Willen, von Fähigkeiten und vom Glauben

Ihr Erfolg wird bestimmt durch Ihren Willen, Ihre Fähigkeiten und Ihren festen Glauben an das Gelingen. Den Willen haben Sie bewiesen. Sie wollen wachsen und dieses Hamsterrad anhalten, um endgültig auszusteigen. Fassen Sie einen starken Entschluss und beginnen Sie noch heute mit der Umsetzung. Die notwendigen Fähigkeiten und Fertigkeiten erlernen Sie in diesem Buch und perfektionieren sie in Ihrem Alltag.

Wachstum in 30 Tagen
Sie überlegen noch? Sie fühlen, Sie wollen etwas in Ihrem Leben verändern. Vollkommen egal, ob privat oder beruflich. Sie haben erkannt, es ist an der Zeit für Sie, Dinge neu oder anders zu tun. Ihnen möchte ich eine fantastische Methode vorstellen, wie es Ihnen gelingt, dauerhafte Veränderungen in Ihrem Leben zu erreichen.

Der innere Schweinehund ist tot!
Es lebe die Eigenverantwortung!
Innerer Schweinehund – was ist das für eine unsinnige Schöpfung? Eine Stichwortsuche nach diesem Ungetüm ergibt bei Google 196.000 Treffer. Auf Amazon können Sie ein Vermögen ausgeben und 998 Bücher, CDs, Filme bis hin zu Stofftieren zu

diesem niedlichen Tierchen bestellen. Die Zeitungen sind voll mit dieser Sau. An Weihnachten raten uns die Redakteure, wie wir den Schweinehund überwinden, um das Rauchen endgültig aufzugeben – natürlich erst nach Sylvester. Im Frühjahr springt uns das Schwein in lustigen Cartoons an und verkündet Strategien, wie wir bis zum Sommer noch die Bikinifigur hingehungert bekommen. Auch einen Namen hat das Viech: Günter! Günter ist nicht nur eine Gelddruckmaschine, ein Quoten-, Auflagen- und Bestsellergarant. Günter ist auch die Garantie dafür, alles Versagen auf ihn zu schieben. Das macht das Scheitern leichter. „Ich habe alles versucht, aber mein innerer Schweinehund war einfach stärker,", so oder so ähnlich klingen die Sätze derer, die am dritten Tag des neuen Jahres feststellen, dass sie wieder einmal an ihren guten Vorsätzen gescheitert sind. Egal. Die nächsten Chancen Günter auf die Probe zu stellen kommen garantiert. Überflüssig an dieser Stelle zu erwähnen, wer dann wieder Schuld haben wird.

Veränderungen geschehen täglich. Alles um uns und in uns verändert sich sekündlich. Nichts hat Bestand. Es ist immer eine Frage des Zeitrahmens. Was Sie benötigen, um Ihr Leben anzupacken, ist dauerhaftes Wachstum! Der erste Schritt: Knipsen Sie Günter endgültig das Licht aus! Und Ihres somit an.

„Eigentlich weiß ich, ich sollte etwas ändern – wenn ich nur wüsste was." Machen Sie bitte nicht länger andere für Ihr „eigentlich" und „ich müsste, sollte, könnte" verantwortlich. Übernehmen Sie wieder die Verantwortung für sich. Kein Schweinehund und sonst auch niemand hält Sie davon ab, Dinge anzupacken.

Dauerhaftes Wachstum beginnt mit dem ersten Schritt: Treffen Sie eine Entscheidung! Setzen Sie sich mit Ihrem Thema an drei Tagen immer wieder auseinander. Machen Sie sich Gedanken und treffen Sie nach 72 Stunden eine Entscheidung. Ja, Sie werden Ihre Ideen in die Tat umsetzten. Oder Sie entscheiden sich aus guten Gründen zu diesem Zeitpunkt dagegen. Wichtig ist es, die Dinge aus dem Kopf zu bekommen und überhaupt eine Entscheidung zu treffen!

Entscheiden Sie sich für eine Sache, dann verpflichten Sie sich selbst dazu, sich an den kommenden 30 Tagen mindestens an jedem Tag zehn Minuten mit Ihrem neuen Verhalten zu beschäftigen. Neues Verhalten wird durch Wiederholung zur Routine und Ihre Persönlichkeit wächst. Sie sind zum Schluss um eine weitere Nuance Ihrer Persönlichkeit reicher. Um Verhalten reicher.

Sowohl auf Ihren Willen als auch Ihre Fähigkeiten haben Sie einen unmittelbaren Einfluss. Sie bestimmen selbst, wie stark Ihr Wille und wie ausgeprägt Ihre Fähigkeiten sind.

Der Knackpunkt dieser Erfolgsformel ist der Glaube daran, dass es funktioniert.

Mit dem Begriff Glaube ist keine religiöse Verehrung der Nichtverkäufer gemeint. Hinter dem Begriff des Glaubens steckt Ihre eigene Überzeugung: Werden Sie Ihre Ziele auch wirklich erreichen? Glauben Sie daran als Nichtverkäufer erfolgreich zu sein? Woher sollen Sie das zu diesem Zeitpunkt schon wissen. Sie haben es noch nicht selbst erfahren. Grau ist alle Theorie und Papier ist geduldig. Die hier vorgestellten Methoden sind großartig – wenn Sie sie erst einmal anwenden. Den Glauben an das Gelingen müssen Sie sich also zunächst noch leihen. Sehen Sie sich in Ihrem Alltag um. Gehen Sie bitte in Restaurants, Einkaufstempel und Autohäuser. Sehen Sie sich die vielen erfolgreichen Bespiele der Zunft der Nichtverkäufer an. Es gibt Tausende von ihnen. Überzeugen Sie sich davon, dass es funktioniert und beginnen Sie sofort mit der Umsetzung.

Ihre Motivation für Ihr neues Karriereziel ist noch beeinflussbar durch Misserfolge und die Kritik anderer. In Situationen, in denen es nicht so läuft wie Sie es sich vorstellen, geben Sie bitte nicht auf. Nehmen Sie sich Ihre Liste der erlebten Situationen und Ihre Pro- und Contra-Liste zur Hand und sorgen Sie so für die notwendige Einstellung. Die Energie folgt der Aufmerksamkeit. Erste Erfolge werden sich einstellen. Genießen Sie den so gewonnenen Freiraum. Belohnen Sie sich. Jedes Erfolgserlebnis ist ein weiterer Baustein auf Ihrem Weg zu einem neuen festen Glauben an Ihren Erfolg als Nichtverkäufer.

Früher oder später verändert sich Ihre Selbstwahrnehmung. Ihr Selbstbewusstsein steigt. Ihr Umfeld nimmt Sie wieder als ernstzunehmenden und konsequenten Menschen wahr. Die Tage, an denen jeder in Ihnen nur den Durchschnittsverkäufer von nebenan gesehen hat, sind vorbei. Vielleicht überlegen Sie in Situationen noch, welche Techniken und Methoden gerade in diesen Situationen die richtigen sind. Das ist nicht schlimm. Ganz im Gegenteil. Sie sind auf dem Weg hin zur unbewussten Kompetenz durch das permanente Anwenden. Machen Sie weiter so und sorgen Sie durch Wiederholungen für dauerhafte Veränderung Ihrer alten und neuen Programme.

Sie sind als neuer erfolgreicher Nichtverkäufer hoch motiviert. Sie stehen im Mittelpunkt Ihres eigen erschaffenen Universums. Erfolgreich haben Sie sich abgeschottet von nervenden Kunden. Sie bestimmen mit wem Sie wann und wie reden. In Ihren Tagesablauf lassen Sie sich weder von Kunden noch von Vorgesetzten hineinpfuschen. Selbstmotivation ist für Sie kein Fremdwort mehr. In den vergangenen Jahren als Durchschnittsverkäufer haben Sie selten Lob und Anerkennung bekommen. Mitunter ganz im Gegenteil. Wurden Sie zunächst von Kunden angeschrien und beleidigt, gab es zur Belohnung noch vom Chef eins in den Nacken: „Machen Sie sich klar, wer hier Ihr Gehalt bezahlt! Ich habe den Eindruck, etwas Motivation täte Ihnen gut." Und schon wurde zur „Belohnung" ein Platz in dem nächstbesten Verkaufsseminar gebucht. Großartig!

In diesen Seminaren gibt es zahlreiche gut gemeinte Ratschläge, die in der Theorie unter Umständen noch nachvollziehbar sind. Meist weisen die Seminarrezepte aus dem Kochbuch für Vorgesetze und Verkaufstrainer eine zu große Kluft zwischen Theorie und Praxis auf.

„Erkennen Sie ohne Vorbehalte die überlegene Rolle Ihres Kunden an. Zeigen Sie Ihrem Kunden, wie sehr Sie es genießen, ihn beraten zu dürfen. Das hebt die Stimmung und steigert die Abschlussquote. Je begeisterter Sie verkaufen, desto zufriedener ist Ihr neuer Freund."

Das ist unmenschlich! Ich kenne niemanden, der auf Dauer den Menschen gegenüber freundlich ist, die er absolut nicht leiden kann. Bei Ihnen wird das bedingungslos vorausgesetzt. Sie sollen jede Entgleisung Ihrer Kunden entschuldigen und für die abstruseste Forderung Verständnis aufbringen. Im Umkehrschluss heißt das für Sie:

Kauft der Kunde nicht, oder flippt gar aus – schuld sind Sie. Darin sind sich Trainer und Chefs einig. Nicht Ihre Kunden müssen auf Seminare mit den Inhalten wie „Verkäufer sind auch Menschen", kuriert werden sollen Sie. Auf dem Schlachtfeld Verkaufsraum werden die Verkäufer verheizt. Ihre Vorgesetzten verbarrikadieren sich in ihren Büros und lassen sich meist erst zum Feierabend in den Niederungen ihrer Mitarbeiter blicken. Geht es Ihnen zu weit und sind Sie schließlich mit Ihrem Latein am

Ende, erhoffen Sie sich die Rückendeckung von einem Ihrer Vorgesetzten.

„Lieber Herr Katzmarek, gemeinsam kommen wir hier nicht weiter. Ich schlage vor, wir holen meinen Vorgesetzten dazu."

„Das ist eine gute Idee. Machen Sie das. Aber schnell."

Eine kurze Instruktion vom hilfesuchenden Verkäufer für seinen Vorgesetzten:

„Der Kunde hat vor drei Jahren eine Couchgarnitur für seine sechsköpfige Familie gekauft. Die Sitzflächen seien nun schon abgenutzt und die Farbe etwas verwaschen. Er geht davon aus, wir tauschen die Garnitur um."

„Lieber Herr Katzmarek, mein Name ist Walter Schoppenmüller. Was kann ich für Sie tun?"

„So, Ihr Lakai da hat Ihnen sicherlich schon gesagt um was es geht? Gut. Ich erwarte, dass Sie mir die Couch umtauschen. Punkt."

„Nun, Herr Stanberger hat ganz Recht. Die Couch ist seit drei Jahren bei Ihnen und wir sehen keinen Grund, warum wir die Couch zurücknehmen sollten."

„Kulanz, mein Herr. Und eins gleich vorweg: Ich habe schon manchen Prozess gewonnen."

„Jetzt lassen Sie uns doch vernünftig bleiben. Ein Rechtsstreit hilft uns doch beiden nicht."

Der Kunde droht mit der elektronischen Inquisition:

„Finden Sie? Ich wende mich gerne auch an die Presse und poste auf Facebook, was für ein uneinsichtiger Sauladen das hier ist. "

„Lassen Sie uns mal sehen. Die Couch ist drei Jahre alt und hat Sie knapp 1.000 EUR gekostet? Was halten Sie davon, wenn wir Ihnen beim Kauf einer neuen Coach mit 750 EUR entgegenkommen?"

„Sehen Sie, machen Sie 800 EUR draus und wir sind uns einig. Ist doch gar nicht so schwer. Was rede ich auch mit dem Brötchen, wenn ich mit dem Bäcker sprechen kann, was?"

Kunde und Vorgesetzter lachen beherzt. Ihr Vorgesetzter schlägt dem Kunden auf die Schulter wie einem alten Kameraden. Außerhalb der heiligen Verkaufsräume gäbe es für eine solche Demütigung nur eine nachvollziehbare Reaktion.

Der Kunde zieht triumphierend ab. Am Stammtisch erzählt er dann berauscht von seiner Macht seiner Erfolge. Die Reaktion seiner Zuhörerschar: „Cool, da muss ich hin. Das muss ich auch ausprobieren." Nicht erwähnenswert ist, dass zum Ansturm der im Umtauschfieber taumelnden Massen der Vorgesetzte wieder sicher in seinem Büro am Schreibtisch sitzt.

Niemand hält solche Demütigungen auf Dauer aus. Als neuer Nichtverkäufer treibt Sie Ihr Streben nach Unabhängigkeit an. Sie haben die Nase gestrichen voll. Es ist Ihr Recht über Ihre Zeit und Ihren Arbeitseinsatz selbst zu bestimmen. Ihr Feindbild ist so ausgeprägt und belastbar. Niemand bringt Sie je wieder davon ab. Kritik kann Ihnen nichts mehr anhaben. Und wo wir gerade beim Können sind: Seminarleiter, Trainer und Vorgesetzte mit guten theoretischen Ratschlägen können Sie mal.

**Erfolgsstrategie 2
Weiterbildung**

Wenn du nicht mehr weiter weißt, gründe einen Arbeitskreis. Oder schicke deine Mitarbeiter auf Seminare. Das scheint das Motto vieler Vorgesetzter zu sein. Bevor diese sich eingestehen, kapitale Fehler in der Führung und der Vorbildfunktion zu machen, müssen die selbsternannten Profis diverser Kurse und Seminare ran.

Kommen Sie einer willkürlichen Vergabe von Seminarplätzen durch Ihre Vorgesetzten zuvor. „Zeige deinem Chef, wie sehr du an deiner eigenen Weiterentwicklung interessiert bist. Seminartage bringen dir zusätzliche freie Tage und bestätigen dich auf deinem Weg zum erfolgreichen Nichtverkäufer." Vermutlich wird Ihr Chef nicht auf Ihren Vorschlag eingehen, Sie für Ihre Selbsterkundung auf dem Jakobsweg für Wochen freizustellen. Droht im Anschluss Ihr Krankenschein, um für weitere Wochen Ihre gelaufenen Blasen zu kurieren. Zeigen Sie Initiative und machen Sie Vorschläge: Hard-, Love- und Sonstwie-Selling, Kundenseminare, Meditationen in den Klostern dieser Welt oder Lachyoga – da wird sich doch auch etwas für Sie finden. Auf diesen bewusstseinserweiternden Seminaren wird scheinbar das geschundene Verkäuferego wieder auf Hochglanz poliert. Durchhalteparolen und an den Haaren herbeigezogene sogenannte Praxisbeispiele gaukeln vor, es gehe um den Menschen hinter diesem Wahnsinn. Wenn überhaupt noch vorhanden, soll den Verkäufern das Rückgrat gebrochen werden. Wie in einer Psychotherapie muten die gut gemeinten Ratschläge an: „Analysieren Sie und verarbeiten Sie Erlebtes ruhig und nüchtern. Sorgen Sie für einen körperlichen Ausgleich bei der ganzen Anstrengung. Anstrengende und schweißtreibende Aktivitäten können helfen den Druck zu kompensieren. Oder suchen Sie sich ein sinnvolles Hobby, wie Meditation oder schreiben Sie sich Ihre Wut von der Seele."

Viele dieser Motivations- und Verkaufstrainer leben in mindestens zwei Ländern. Sie leben in Deutschland, die etwas besser verdienen in der Schweiz und auf Mallorca. Sie jetten um die Welt, sind meist Single und ohne Bindung an eigene Kinder. Das ist wie Beratung per Helikopter. Von oben ist es leicht den Eindruck zu bekommen, wie es da unten besser laufen soll. Für die Lebenssituationen der Menschen allein unter den Geiern fehlt oft die notwendige Tiefe. Stellen Sie sich bitte vor, wie solche Trainer ihre eigenen Ratschläge und Tipps in der Praxis anwenden.

Der Kunde kocht und droht körperliche Gewalt an. Der geschulte Verkäufer bittet um einen kurzen Moment für seine Besinnungspause. Anschließend zückt er sein Wutbuch, notiert dort was er selbstverständlich dem Kunden nie sagen würde, stampft dann mit den Füßen, um den Druck etwas abzulassen. „Ach Männo." Und dann bekommt der Kunde, was er zuvor gefordert hat. Für das anbetungswürdige Geschöpf, den Kunden, brauchen die Unternehmen perfekt programmierte Kundenroboter.

Zukünftiges, geschliffenes Verhalten wird in Rollenspielen vertieft. Ein Laiendarsteller mimt den Kunden, der andere den Verkäufer. Wer auf solche demütigende Spielereien steht, sollte besser sein Glück in der Schauspielerei suchen.

Das überhaupt etwas von den Seminarinhalten hängen bleibt, liegt nicht an der Attraktivität der Inhalte, sondern an den Verbrüderungsritualen unter viel Alkoholeinfluss zwischen den Seminartagen. Die Teilnehmer erfahren, sie sind nicht allein. Nichts verbindet mehr als das gemeinsam erlittene Schicksal.

Für Sie als neuer Nichtverkäufer sind solche Veranstaltungen ein wahres Eldorado. Provozieren Sie mit Ihren neuen Erkenntnissen als erfolgreicher Nichtverkäufer. Sie wissen aus Ihren eigenen Erfahrungen, Theorie ohne einen praktischen Bezug ist wertlos. Was können Ihnen diese Selbstdarsteller schon vermitteln? Provozieren Sie durch Fragen. Steuern Sie bitte echte Beispiele zu diesem Irrsinn bei. Holen Sie sich Motivation für Ihr Tun durch das Hören der Geschichten des Scheiterns der anderen Teilnehmer. Vergleichen Sie und stellen Sie für sich fest, wie weit Sie schon gekommen sind auf Ihrem neuen Weg. Vergessen Sie nicht, anderen klassischen

Verkäufern von Ihren neuen Erfahrungen zu berichten. Sie werden feststellen, wie gut es sich anfühlt, in die Sehnsuchtserfüllten Augen Ihrer Gesprächspartner zu blicken. Das gibt Kraft!

Selbsterkenntnis auf dem Weg zum erfolgreichen Nichtverkäufer

Als Verkäufer kommt niemand auf die Welt, auch als Nichtverkäufer nicht. Vermutlich wird kein Vierjähriger den Berufswunsch äußern: „Mamma, ich gehe in den Außendienst!", oder „Papa, wenn ich groß bin, werde ich Schuhverkäufer!". Sollte das doch vorkommen, die Eltern werden dem Knaben das schon noch rechtzeitig mit allen Mitteln austreiben. Mal angenommen das ist so. Eine ganze Armee von Außendienstlern, Verkäufern und Kundenbetreuern treibt sich allein in Deutschland um. Was läuft in Ihrem Leben falsch, dass Sie sich entschlossen haben, sich zum Kundendiener machen zu lassen? Die wesentlichen Merkmale des neuen Nichtverkäufers haben Sie bereits kennengelernt. Sie haben erfahren, wie Sie an der inneren Einstellung Ihren Kunden und Ihrem Beruf gegenüber arbeiten können. Jetzt kommt es darauf an zu erkennen, wo Ihre Stärken liegen und an welchen Schrauben Sie noch drehen können, um als Nichtverkäufer erfolgreich durchzustarten.

Selbsttest

Wie weit Sie schon auf dem Weg sind zum neuen erfolgreichen Nichtverkäufer, finden Sie durch Ihre Antworten auf die folgenden Fragen heraus.

Beantworten Sie bitte alle Fragen mit Ja oder Nein. Malen Sie pro Ja ein Feld aus in dem zum Thema gehörenden Tortendiagramm.

Beispiel:

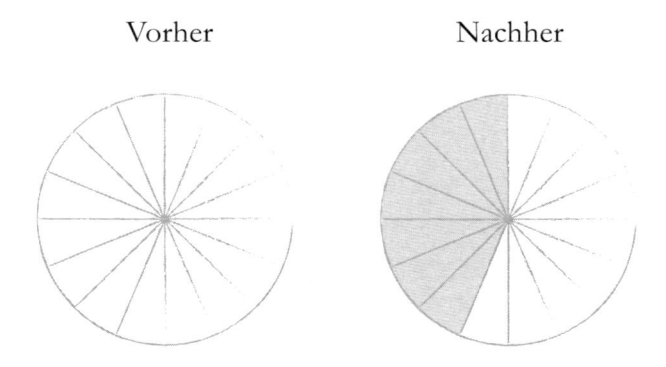

Vorher   Nachher

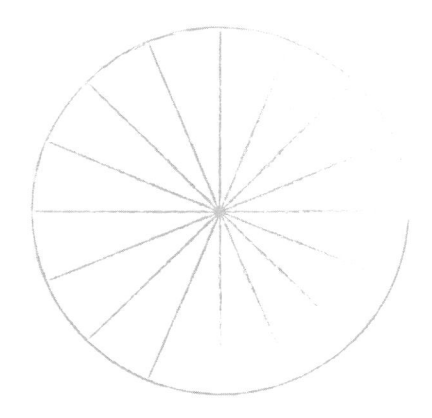

Teil 1: Zeit für Veränderungen
- Weiß Ihr Umfeld, dass Sie Verkäufer sind?
- Stehen Sie vorbehaltlos zu Ihrem Produkt und dem Unternehmen?
- Sehen Sie in sich einen wichtigen Bestandteil des gesamten Unternehmens?
- Aus welchen Gründen verkaufen Sie?
  (pro Übereinstimmung ein Feld)
    - Produktfaszination
    - Geld verdienen
    - Existenz aufbauen
    - Zukunft sichern
- Identifizieren Sie sich:
  (pro Übereinstimmung ein Feld)
    - mit dem Produkt
    - mit dem Unternehmen
    - mit den unternehmerischen Strategien

- mit Ihren Vorgesetzten
- Sind Sie zufrieden?
- Haben Sie ständig Erfolgserlebnisse?
- Haben Sie Freizeit?
- Verfolgt Ihre Arbeit Sie bis ins Bett?
- Jagen Sie einer Abschlussquote nach?

Auswertung
Sie haben mehr als die Hälfte der Grafik ausgemalt?
   Es scheint, Ihre Kunden haben Sie fest im Griff. Sie fühlen sich unsicher, wenn Ihr Umfeld den Eindruck gewinnt, Sie arbeiten nicht genug. Sie versuchen zu vielen Ansprüchen gerecht zu werden. Überprüfen Sie Ihr Feindbild. Wiederholen Sie die Übungen aus dem Kapitel Voraussetzungen schaffen.

Sie haben weniger als die Hälfte ausgemalt – Sie sind auf einem guten Weg. Zeit etwas zu ändern!
   Ihre Antworten lassen keinen Zweifel zu: Sie wissen Sie müssen etwas ändern! Arbeiten Sie an Ihrer Bereitschaft die Dinge anzupacken und umzusetzen. Legen Sie sich eine Strategie für die ersten 30 Tage zurecht und erweitern Sie Ihre Komfortzone wie im Kapitel „Wachstum in 30 Tagen" beschrieben.

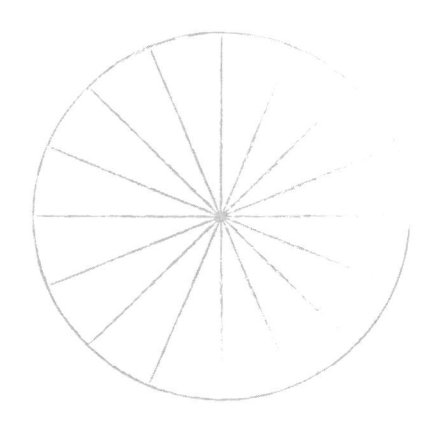

Teil 2: Innere Bereitschaft
- Mögen Sie Menschen?
- Fühlen Sie mit anderen Menschen mit?
- Haben Sie Humor?
- Teilen Sie sich gerne mit?
- Haben Sie Vertrauen in die Qualifikationen und Fähigkeiten anderer?
- Können Sie mit Kritik umgehen?
- Sind Sie offen für die Ansichten anderer?
- Können Sie delegieren?
- Haben Sie den Mut immer wieder von vorn zu beginnen?
- Suchen Sie Ihren eigenen Vorteil?
- Reden Sie gerne mit anderen Menschen?
- Gelingt es Ihnen leicht, sich in schlechte Stimmung zu bringen?
- Fällt es Ihnen leicht Ihre Kunden zu meiden?

- Halten Sie sich gerne mit administrativen Aufgaben auf?
- Sind Sie bereit neue Methoden und Techniken zu erlernen – auch wenn es Ihnen am Anfang etwas schwer fällt?
- Lehnen Sie es ab fremdbestimmt zu werden?

Auswertung
Sie haben ein Viertel oder weniger ausgemalt?
 Sie stehen wirklich im Mittelpunkt Ihres eigenen Universums. Sie strahlen aus sich selbst heraus. Ihre Mitmenschen drehen sich um Sie. Für Ihr Umfeld sind Sie der Mittelpunkt – und wenn Sie es mal nicht sind – was soll's. Sie interessieren sich für sich und das ist gut so. Sie sind sich Ihrer Stärken bewusst. Schwächen entdecken Sie nur bei anderen. Glückwunsch!

Sie haben bis zu einer Hälfte die Grafik ausgemalt?
 Sie sind auf einem guten Weg. Ihre Einstellung stimmt. Ihnen geht Ihr Umfeld auf die Nerven. Noch fühlen und denken Sie für andere – arbeiten Sie daran. Gelingt es Ihnen sich unabhängig von den Ansprüchen Ihrer Mitmenschen zu machen, können Sie befreit Ihren eigenen Weg gehen.

Mehr als die Hälfte? Lassen Sie es sein!
 Sie sind voller Empathie für Ihre Mitmenschen. Eher suchen Sie nach Fehlern bei Ihnen, als ernst-

haft darüber nachzudenken, ob nicht gerade Ihr Umfeld dafür verantwortlich gemacht werden kann. Mühen Sie sich nicht weiter als Durchschnittsverkäufer ab. Denken Sie einmal darüber nach, ob nicht Berufe wie Therapeut oder Weltverbesserer besser zu Ihnen passen könnten.

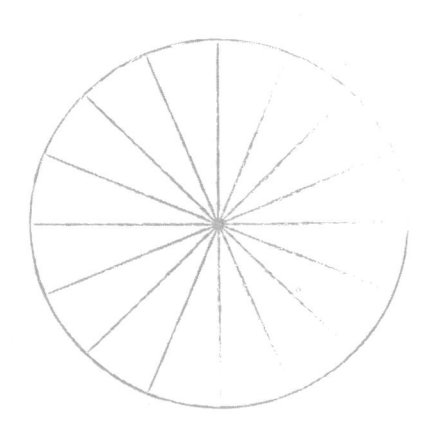

Teil 3: Fähigkeiten
- Finden Sie zu jeder Situation die richtige Idee, um sie zu meistern?
- Sind Sie risikofreudig?
- Können Sie sich entspannen, auch wenn in Ihrem Umfeld geschäftiges Treiben herrscht?
- Entwickeln Sie Strategien für Ihre Vorhaben?
- Suchen Sie aktiv nach Möglichkeiten, Ihrem Chef oder dem Unternehmen zu erklären, wie Ihr Job noch leichter, besser und erfolgreicher sein könnte?
- Reißen Sie andere Menschen mit Ihren Ideen mit?
- Können Sie auf intelligente Art und Weise naiv sein?
- Sind Sie sich über die Macht des Wortes bewusst?

- Finden Sie neue Wege und Verhaltensweisen, um Ihre Kunden möglichst zu meiden?
- Können Sie mit Kritik umgehen?
- Gestalten Sie Ihre Kundenbeziehungen aktiv und sorgen Sie dafür, dass Ihre Kunden immer etwas zu tun haben?
- Verschieben Sie gerne?
- Laufen Ihre Verkaufsaktivitäten organisiert ab?
- Haben Sie Geduld?
- Betreiben Sie Kundenpflege?

Auswertung
Sie haben mehr als ¾ ausgemalt? Super!

Sie haben es auf den ersten Seiten dieses Buches schon gespürt: Der erfolgreiche Nichtverkäufer schlummert schon lange in Ihnen. Die bisher angesprochenen Voraussetzungen und Fähigkeiten bringen Sie bereits mit. Gehen Sie aus sich heraus und zeigen Sie der Welt, was in Ihnen steckt!

Sie haben mehr als ¼ bis maximal ¾ ausgemalt? Die Richtung stimmt!

Dieses Buch kann Ihr Leben verändern. Die wichtigsten Grundlagen bringen Sie bereits mit. Wichtige weiterführende Fähigkeiten und Techniken werden Sie in diesem Buch erlernen und vertiefen. Seien Sie gespannt!

Sie haben weniger als ¼ ausgemalt? Mauern Sie sich

besser gleich ein!

Welche Umstände haben Sie denn bitte zum Beruf des Verkäufers geführt? Sollten Sie wider Erwarten bereits in Ihrem Beruf erfolgreich sein, bitte ändern Sie nichts daran. Und lassen die Finger von diesem Buch. Auch dieses Buch macht aus einem Ackergaul kein Rennpferd.

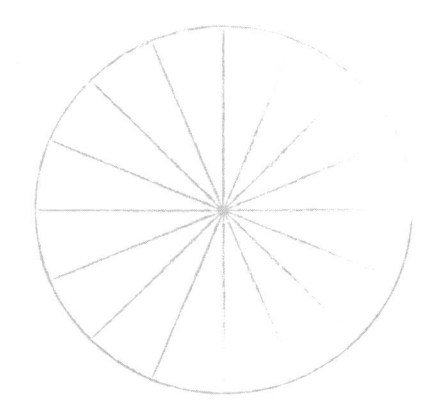

Teil 4: Selbstbild
- Sind Sie eine starke Persönlichkeit?
- Haben Sie ein starkes Selbstbewusstsein?
- Sind Sie leicht zu irritieren?
- Sind Sie leistungsfähig?
- Sind Sie ein Stratege?
- Sind Sie ein Schuldzuweiser?
- Sind Sie ein Kritisierer und Nörgler?
- Sind Sie eine Kämpfernatur?
- Sind Sie schadenfroh?
- Haben Sie eine positive Ausstrahlung?
- Treten Sie als Gewinner auf?
- Sind Sie ein guter Strippenzieher?

Auswertung

Sie haben weniger als die Hälfte ausgemalt? Lassen Sie es sein!

Sie haben bis hierher das Buch gelesen. Ihre Gefühle reichen vermutlich von „was ein Blödsinn" bis „warum habe ich dieses Buch bloß gekauft." Sie haben Recht! Für Sie sehe ich schwarz.

Sie haben mehr als die Hälfte ausgemalt? Das ist ein guter Anfang.
Für Sie stellt dieses Buch eine großartige Chance dar, über Ihre bisherige Karriere nachzudenken. Sie befinden sich in einem Übergang. Sie sind nicht Fleisch und nicht Fisch. Nutzen Sie die hier vorgestellten Anregungen, um sich über Ihren weiteren Weg klar zu werden.

Mehr als drei Viertel haben Sie ausgemalt? Schreiben Sie mir bitte sofort eine Nachricht!
Ihre weiteren Schritte interessieren mich brennend. Sie haben vieles von den hier aufgeführten Techniken und Fähigkeiten längst verinnerlicht. Herzlichen Glückwunsch! Die Richtung stimmt. Holen Sie sich in diesem Ratgeber den nötigen Schliff und kommen Sie in die tägliche Umsetzung. Der Erfolg ist Ihnen bereits heute schon sicher!

Fazit
Sie als erfolgreicher Nichtverkäufer lehnen die Insignien wie Anzug, Kostüm, bunt dekorierter Firmenwagen, Dokumentenmappe, Tischflipchart und Pilotenkoffer der klassischen Durchschnittsverkäufer

ab. Sie sind unangepasst und gerade heraus.

Sie verdienen Ihr Geld auch ohne zu verkaufen. Sie beschäftigen Kunden und Kollegen meisterlich mit Dingen, um nicht in die Verlegenheit eines Abschlusses zu kommen.

Für Ihren Erfolg ist es nicht entscheidend, ob Sie Ihr Feindbild kennen, sondern nur wie stark ausgeprägt es ist. Der Kunde ist dann König, wenn er anerkennt, dass Sie der Kaiser sind. Sie führen und geben die Richtung vor.

Sie wahren die Distanz zu Ihren Kunden. Sie sind bereit sich weiterzubilden. Sie suchen nach Möglichkeiten, Ihre Freiräume für Ihr persönliches Wachstum immer weiter auszubauen.

In Gesprächen mit Kollegen und Vorgesetzten wissen Sie mit Fragen und Einwänden zu überzeugen. Sie finden immer einen Haken und wie der Fisch an der Angel, geben Sie nicht auf, auf Antworten zu pochen.

Ängste kennen Sie nicht. Sie wissen, niemand da draußen ist so gut wie Sie. Die Fähigkeiten des Nichtverkäufers haben Sie so verinnerlicht, dass Sie stets aus der Position des Stärkeren handeln. Sie haben die Stufe der unbewussten Kompetenz erreicht.

Methoden und Strategien zum Erfolg

Durchschnittsverkäufer überlassen vieles dem Zufall. Die verehrte Kundschaft stellt sich ein – oder eben nicht ein. Der Laden ist voll – oder eben nicht. Im Außendienst hat der Kunde Zeit – oder eben nicht. Und viel schlimmer: Den unkalkulierbaren Risiken im Umgang mit den Kunden liefert sich der klassische Verkäufer offenherzig aus. Anders verhalten Sie sich als erfolgreicher Nichtverkäufer. Sie haben eine klare Linie und entwickeln Strategien und Methoden, um im Kampf um Ihre Zeit die Oberhand zu behalten. Im folgenden Abschnitt sehen wir uns an, wie Sie vermutlich schon bekannte Methoden zu Ihrem Vorteil einsetzen können.

Der Verkaufstrichter

Der Verkaufstrichter ist ein beliebtes Instrument, um Ihre Arbeit als Verkäufer messen zu können. Im Verkaufstrichter sammeln Sie als Verkäufer Ihr gesamtes Angebotsvolumen. Alle Angebote, die Sie Ihren Kunden und Interessenten machen, gehören in diesen Trichter. Mit jedem Angebot, das zum Auftrag wird, leert sich Ihr Trichter und Sie müssen Ihrer Quote entsprechend neue Angebote generieren. Mal angenommen, Sie haben eine Abschlussquote von 3:10, dann bedeutet das: Für einen Auftrag benötigen Sie mehr als drei Angebote. Wie ein Wilder jagen Sie diesen Angeboten hinterher, um diese zu Aufträgen zu machen. Parallel müssen Sie dafür sorgen, dass der Trichter durch immer wieder neue Angebote nicht leer läuft.

Stellen Sie sich bitte eine Espressomaschine vor.

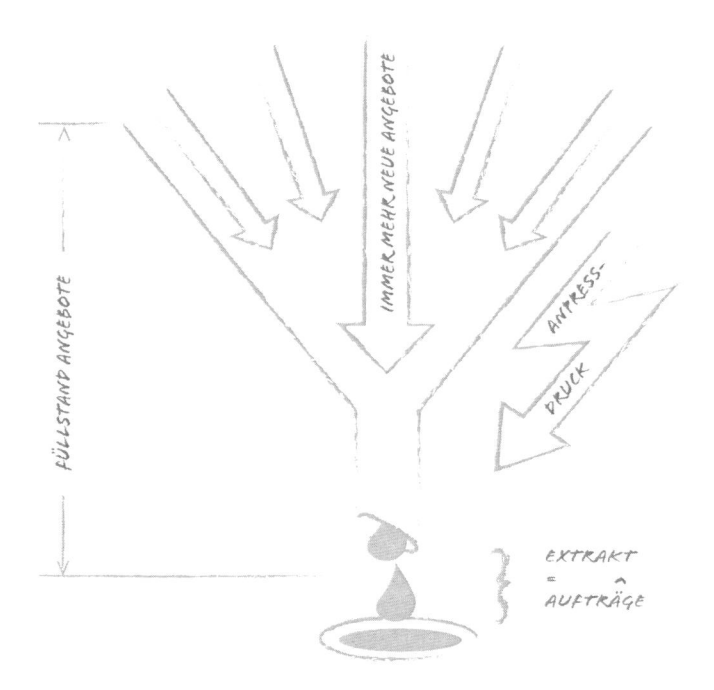

Nur mit einem enorm hohen Druck und überproportional viel Kaffeemehl im Sieb entsteht dieses winzige Extrakt. Der Druck auf Sie nimmt mit jedem Auftrag nicht ab. Ganz im Gegenteil: Für jeden neuen Auftrag müssen neue Angebote ins Haus. Zu diesem Wahnsinn gesellt sich noch Ihr Chef. Stimmen die Zahlen im Unternehmen nicht, stehen Sie als Verkäufer stets in Verdacht, nicht genug zu verkaufen. Überlegen Sie einmal, wie erfüllend ist das denn bitteschön?

Anders die Situation des Nichtverkäufers. Selbstverständlich greifen Sie auf die gleichen Methoden zurück. Als Nichtverkäufer haben Sie auch einen Verkaufstrichter. Allerdings gehen Ihnen die Angebote nicht aus. Ihre Angebote werden nach Ihren kurzen Einwänden bei Ihren Interessenten immer wieder überarbeitet. An allem lässt sich doch noch etwas optimieren oder nicht?

„Lieber Herr Schulte-Onur, lassen Sie uns noch einmal das Angebot genau durchgehen."

„Herr Stanberger, das haben wir schon mehrfach getan."

„Sie haben Recht. Für Sie möchte ich doch nur sicherstellen, dass wir auch wirklich alles richtig gemacht haben. Was, wenn sich die Preise aktuell verändert haben. Eventuell zu Ihren Gunsten?"

„Ok, wenn ich da noch etwas sparen kann, dann lassen Sie uns alles noch einmal durchgehen."

Sorgen Sie dafür, dass Sie immer ausreichend Angebote in der Pipeline haben.

Gestalten Sie Ihre Angebote nicht zu präzise. Lassen Sie ausreichend Raum für Spekulationen, sodass der Kunde oder der Interessent nachfragen muss. Legen Sie sich einen Leitfaden an, wie Sie Nachfragen zu Ihren Angeboten an andere zur Beantwortung weiterleiten können. Es kann nicht sein, dass Sie als Verkäufer zum Beispiel bei Fragen zu technischen Details Auskunft geben sollen? Dafür gibt es doch auch sicher bei Ihnen im Unternehmen eine technische Abteilung. Achten Sie bei Ihren Angeboten darauf, dass Ihre Kollegen sie nicht gleich erklären können. Bauen Sie ausreichend Potential für Nachfragen ein. Eine falsche Seriennummer kann unterschiedliche Abteilungen eines mittleren Unternehmens schon mal einen halben Tag beschäftigen.

Ihre Kunden suchen den Haken. Geben Sie ihnen ganz offen Hilfe, wo sie diesen Haken finden können. Welche kniffeligen Punkte Ihrer Produkte kennen Sie?

Was sind Stolpersteine, die Sie Ihren Kunden in Ihren Angeboten in den Weg legen können?

Schreiben Sie Ihre Gedanken und Ideen dazu auf:

_____

_____

_____

_____

_____

Aufträge generieren Sie als Nichtverkäufer nur zufällig. Stimmen die Zahlen im Unternehmen nicht, stehen Sie auch in Verdacht nicht genug zu verkaufen. Tatsächlich verkaufen Sie ja auch nicht genug. ABER: Wie sollen Sie auch zum Verkaufen kommen, wenn Sie sich so intensiv um die Angebote kümmern müssen. Einen Teil Ihrer Arbeit verbringen Sie mit eben diesem Verwalten Ihrer Angebote. Dabei achtet der erfolgreiche Nichtverkäufer darauf, seine Kollegen und seinen Chef mit einzubinden. Rückfragen in der technischen Abteilung, nochmalige Nachfrage beim Chef für einen letzten möglichen Rabatt und die obligatorische Frage nach dem definitiven Lieferzeitpunkt bei der Logistikfirma sorgen dafür, dass alle wissen, hier ist ein überaus engagierter Mitarbeiter am Werk.

Den größten Teil Ihrer Zeit widmen Sie der Frage, warum die Zahlen des Unternehmens wirklich nicht stimmen. Hier beeindrucken Sie Ihr Umfeld und Ihre Vorgesetzten mit einem unerschöpflichen Fragenkatalog und immer wieder neuen Verbesserungsvorschlägen. Dabei lassen Sie nicht nach, auf Antworten zu Ihren zahlreichen Eingaben zu drängen. Mit dieser Methode erschlagen Sie gleich zwei Fliegen mit einer Klappe.

1. Ihrem Umfeld und Ihren Vorgesetzten signalisieren Sie, sich mit dem Unternehmen zu identifizieren und an dem unternehmerischen Erfolg interessiert zu sein.

2. Erfolgreich geben Sie den Druck an Ihr Umfeld und Ihre Vorgesetzten weiter. Wie könnten Sie auch verkaufen, wenn die Führung keine Antworten auf Ihre wichtigen Fragen hat?

Sie sehen, die gleiche Situation verursacht einmal Stress, ein andermal entspanntes Zurücklegen.

Vom (Un)Sinn der Kundenakquise

Es ist noch gar nicht so lange her, da habe ich mir ganze Aufgabenlisten geschrieben. Ich habe die Bürokratie meiner to do´s bis zum Exzess betrieben. Alles war exakt terminiert, aufgelistet und auf allen Computern, Notebooks, Telefonen und sonst wo für mich bereitgestellt. Erledigt habe ich davon nicht einmal die Hälfte. Nehmen wir einmal das Thema Telefonieren. Selbstverständlich hatte ich als klassischer Verkäufer eine lange Liste von Kontakten, die es galt anzurufen. Vor mir das Telefon und meine Liste.

Jetzt geht´s los!
Okay, erst einmal einen Kaffee holen. Auf dem Weg zur Kaffeeküche schnell noch Flurfunk mit Kollegen. Zurück am Arbeitsplatz warteten schon die ersten dringenden E-Mails:
- Olaf hat seinen Facebookstatus kommentiert …
- XING: Heute haben Geburtstag: Helmut, Jörg, Sabine
- Schatz, heute Abend zum Italiener?
- Der Winter macht Pause – Zeit für Übergangsjacken
- Neue Stellenangebote bei monster.de
- Ruhrgebiet: Skispass all in/Rittermahl und Körperenthaarung
- spannendes Angebot für Winterreifen im Sommer

Da kann ich nicht einfach darüber weggehen. Das Internet und E-Mails sind für den, der arbeiten will, so wie der Duft von selbstgebackenem Brot für den, der fasten will. Ein wildes Geklicke und Geposte auf allen Kanälen. World of Warcraft läuft im separaten Fenster. Mein ärgster Rivale im Unternehmen hat am Wochenende einen neuen Rekord bei angry birds eingestellt. Ich muss eingreifen. Wie hat eigentlich Schalke gespielt? Die Antworten finde ich neben vielen interessanten Artikeln auf Kickeronline. Lewandowski zu Bayern? Das muss erst einmal mit den Kollegen meiner Tipprunde besprochen werden. So ein Vormittag ist schnell vorbei. Telefoniert habe ich auch – mit meiner netten Kollegin – abklären, wohin wir beide heute Mittag zum Essen gehen.

Nirgendwo im Verkäuferalltag lässt sich so herrlich aktiv sein ohne effektiv zu sein. Kundenakquise ist mit Recht das abgrundtief Letzte, was sich ein Verkäufer für seinen Alltag wünschen kann. Sie möchten Ihr Geschäft aufbauen und Umsätze generieren? Dann wird allen Ernstes von Ihnen verlangt, wildfremde Menschen anzurufen oder sie anzusprechen. Sie sollen engagiert und hoch emotional diese oft vollkommen überraschten Menschen überfallen und ihnen einen Kauf oder zumindest einen Termin abringen.

Stellen Sie sich bitte vor, Sie haben sich so richtig vertieft in eine wichtige Internetrecherche über einen Ihrer Mitbewerber. Mit jedem Klick steigen Sie tiefer in die Untiefen des Worldwidewebs. Verweise auf ähnliche Produkte und Firmen führen Sie immer näher heran an die umfassende Erkenntnis für den gesamten Markt. Sie spüren es förmlich, noch ein wenig mehr Recherche, noch eine Studie, eine Veröffentlichung oder noch ein weiterer Preisvergleich, und dann ist er da: Der Geistesblitz, warum Sie bisher nicht verkaufen konnten. Sie wissen, wenn Sie dieses letzte Puzzleteil noch zu Ihrem Gedankenmodell hinzufügen, dann wird Ihre Erkenntnis endlich den Knoten im Markt für Ihre Produkte platzen lassen. Endlich wird wie von alleine verkauft.

Und genau in diesem herrlichen Moment klingelt Ihr Telefon! Am Apparat ein Verkäufer für zum Beispiel Büroartikel. Was der Anrufer nicht weiß, er entgeht nur ganz knapp einer Katastrophe. Sie kochen vor Wut. Der arme Tropf an der anderen Leitung dient Ihnen als Blitzableiter. Irgendwohin müssen Sie ja mit Ihren Emotionen. Da nehmen Sie schon in Kauf, dass dem unbekannten Verkäufer am Telefon das Trommelfell platzt, bevor Sie platzen. Solche Situationen kennen Sie aus Ihrem bisherigen Verkäuferleben auch. In der Kundenakquise gehören solche Wutausbrüche, Beschimpfungen und Androhungen von Gewalt zum Alltag. Als Verkäufer platzen Sie ohne Ankündigung einfach in den Alltag Ihrer ahnungslosen Kundschaft. Noch unangenehmer als das Kontakten am Telefon ist der direkte Kundenbesuch. Dieses verdammte Gefühl als Verkäufer schon an der Tür noch vor dem ersten Wort erkannt und entsprechend behandelt zu werden. Sie kennen die Schmach stehen gelassen und müde belächelt zu werden. Das verletzt.

Sie stehen im Vorzimmer Ihres Gesprächspartners.

Die Sekretärin zum Chef über die Gegensprechanlage:

„Chef, hier ist so einer, der will uns was verkaufen."

„Gut, schick ihn rein, ich bin grad so richtig in Stimmung."

„Soll ich Kaffee bringen?"

„Bloß nicht. Eher einen Eimer und einen Aufnehmer, wenn ich mit dem Typen fertig bin."

„Sie können rein. Viel Spaß", süffisant grinsend.

Für die Sekretärin und ihrem Vorgesetzten ist es eine willkommene Abwechslung, sich Ihnen überlegen zu fühlen. Geht es doch nur auf die Kosten eines dahergelaufenen Verkäufers. Menschen suchen Gelegenheiten, um sich erhaben zu fühlen. Auch wenn sie sich dazu auf Kosten anderer über andere hervorheben müssen.

Als werdender Nichtverkäufer sind Sie es leid, Blitzableiter zu sein. Ihr Vorteil: Stimmt Ihre innere Einstellung und die Stimmung vor solchen Gesprächen, prallen diese Dinge an Ihnen ab. Sie wissen die Kundenakquise erfolgreich für sich zu nutzen. Sie wissen darum, wie Sie bei der Kundenakquise Ihre

Kollegen und Ihren Chef davon überzeugen, aktiv zu sein aber selbst nichts an der schlechten Quote machen zu können.

Verlieren Sie sich jeden Tag aufs Neue in Diskussionen mit Kollegen und Ihren Vorgesetzten. Machen Sie deutlich, wie sehr Sie sich auch bemühen, aber scheinbar hat die Welt nicht auf Ihre Produkte gewartet. Stellen Sie zur Diskussion, wo und was in dem Unternehmen alles falsch läuft. Erklären Sie, warum Sie nicht verkaufen können, wenn diese Punkte nicht abgestellt werden.

Unter Kollegen suchen Sie sich die erfolglosen und verzweifelten aus. Säen Sie Zweifel. Zweifel sind bekanntlich der Anfang vom Ende. Machen Sie Ihren Vorgesetzten angreifbar. Hier bewirken Sprüche wie „Der Fisch stinkt immer vom Kopfe her", dass Menschen sich mit Ihnen verbrüdern und in anschließenden Gesprächen mit anderen Kollegen Ihnen auch ohne Ihre Anwesenheit zustimmen. So verbreiten sich Ihre Thesen wie ein Lauffeuer durch das Unternehmen. Auch die Kunden erfahren davon. Ihre Weitsichtigkeit wird gelobt. Bewundert wird Ihre Loyalität. Schließlich machen Sie sich als einer von wenigen ernsthaft Sorgen um Ihre Kollegen und das Unternehmen.

Kontakten am Telefon

Der Anruf ist der häufigste Weg, einen ersten Kontakt zu Ihrem Kunden aufzubauen. Das richtige Feindbild vorausgesetzt können Sie hier als Nichtverkäufer voll punkten. Ziel Ihrer Anrufe ist nicht, einen Termin zu vereinbaren. Ihre Absicht ist es, mit wenigen Sätzen Lästiges hinter sich zu lassen, um sich wieder um die wirklich wichtigen Dingen kümmern zu können.

Goldene Regeln für das Verhalten am Telefon

Diese Regeln sollen Ihnen im Umgang mit Ihren möglichen Kunden helfen. Die Regeln lassen sich auch übertragen auf den Umgang mit Vorzimmer und anderen Wichtigtuern, die meinen bestimmen zu können, was für den Chef wichtig sein könnte und was nicht.

Machen Sie sich vor allen Ihren Aktionen rund um Ihre Kunden zunächst ein paar Gedanken. Was in ähnlichen Situationen haben Sie schon erlebt, was Sie so richtig auf die Palme gebracht hat? Wann wurden Sie zum letzten Mal beschimpft oder verlacht? Was sollte jetzt anders sein? Auch dieser Kunde wird versuchen die Gelegenheit am Schopfe zu packen, um sich an Ihnen für all das erlebte Unrecht dieser Welt abzureagieren. Aber nicht mit Ihnen! Sie haben sich vorher schon in die richtige Stimmung versetzt. Sie sind auf Konfrontationskurs. Mit Ihnen macht niemand mehr was er will.

Sorgen Sie für eine lässige und bequeme Körperhaltung. Telefonieren Sie wenn möglich mit einem Headset. So haben Sie mehr Bewegungsfreiheit. Eine bewährte Telefonpose ist die Füße auf den Tisch zu legen, die Arme fest vor der Brust verschränkt, den Kopf lässig etwas zur Seite gedreht und einen Nasenflügel leicht aggressiv angehoben. Ganz so als witterten Sie Ihren Feind durch das Telefon.

Über die richtige Körperhaltung beim Telefonieren machen sich viele Unternehmen mittlerweile Gedanken. In einem mir bekannten Unternehmen ist die richtige Körperhaltung beim Telefonieren zum Abteilungsziel geworden. Mitarbeiter, die einen gewissen Prozentsatz im Stehen telefonieren, bekamen einen Bonus ausgezahlt. Das birgt eine große Gefahr. Mal angenommen die männlichen Mitarbeiter verwechseln das im Sitzen Pinkeln mit dem im Stehen Telefonieren, oder noch schlimmer fortan wird wieder im Stehen gepinkelt und dabei telefoniert. Das alles vom Headset direkt ins Ohr des Kunden übertragen. Das Headset überträgt alles. Ihre Stimme ebenso wie die obligatorischen Schmatzgeräusche vom Kaugummikauen, Essen oder Trinken. Übertriebenes Atmen durch Mund und Nase, sei es aus Langeweile oder Wut wird Ihr Kunde ebenfalls gut hören können. Das Headset sorgt weiter für eine einwandfreie Übertragung von Hintergrundgeräuschen, wie die Töne des neuesten Computerspieles und das Klappern Ihrer Tastatur während Sie auf Facebook posten, mit was für einem Trottel Sie sich gerade am Telefon herumrumärgern müssen. Das lenkt Sie ab, und ganz nebenbei kümmern Sie sich um die Pflege Ihrer Kontakte auf Xing, Twitter, Facebook, Stayfriends und Google+.

Telefonieren Sie nach Möglichkeit nicht ohne Zuhörerschar. Achten Sie bitte darauf, dass Ihre Kollegen Sie laut und deutlich telefonieren hören können. Ihre Zuhörer bekommen mit, dass Sie telefonieren wie ein Wilder und trotzdem kaum Termine bekommen. An der Anzahl Ihrer Telefonate kann es nicht liegen. Das wird allen um Sie herum schnell klar.

Die beste Zeit Kunden anzurufen ist, wenn Sie absolut keine Lust dazu haben. Stellen Sie sich vor jedem Anruf vor, was Sie statt irgendeinen Kunden anrufen zu müssen, Sinnvolles mit Ihrer Zeit anzufangen wüssten. Und bitte, wenn Sie schon keine Lust haben, dann zeigen Sie das auch!

„So, dann wollen wir mal. Ich habe keine Zeit. Sie bestimmt auch nicht. Lassen sie mich gleich zur Sache kommen ..."

Bleiben Sie sich treu. Ein hohes Maß an Authentizität ist wichtig, um den Angerufenen gleich in die Schranken zu weisen. Machen Sie gleich zu Beginn klar, wer das Gespräch führt.

Sie sind anders als andere Verkäufer. Zeigen Sie das auch Ihren Kunden. Setzen Sie Witze und Zoten zu Anfang ein, um die Stimmung aufzulockern. Arbeiten Sie für eines der vielen Multi-Level-Marketing Unternehmen, gehen Sie gleich zu dem in diesen Kreisen üblichen Du über. Der erste Eindruck zählt.

Kaum etwas hören Menschen so gerne wie ihren eigenen Namen:

„Hallo Herr Schröder, ... entschuldigen Sie wenn ich lache, kennen Sie den schon: Alle Kinder angeln Haie, nur nicht Schröder, der ist der Köder ..."

„Mal im Ernst, dein Vorname ist Thorsten, richtig? Thorsten mit den Borsten ... Kennste doch auch, oder? Alle Kinder haben Haare, nur nicht Thorsten, der hat Borsten. Ich darf doch Thorsten sagen, oder?"

Jetzt kommt es darauf an das Zepter nicht mehr aus der Hand zu geben. Reden Sie ohne Punkt und Komma. Das Gegenteil von Reden ist nicht Zuhören sondern zu warten, bis Sie wieder an der Reihe sind. Geben Sie dem Kunden keine Gelegenheit seine üblichen Einwände vorzubringen. Einwände wie „Worum geht es denn überhaupt?", „Wir haben kein Interesse" oder „Woher haben Sie meine Nummer? Ich zeige Sie an!" und andere mehr, führen nur zu einem zeitraubenden Dialog.

„Jetzt wo ich Sie endlich mal erreiche, müssen Sie mir auch zuhören. Immer wenn ich anrufe haben Sie irgendetwas anderes zu tun."

Nutzen Sie die Kraft Ihrer Worte. Üben Sie bitte Druck aus, indem Sie Formulierungen benutzen, die bei Ihrem Kunden einen Widerspruch erzeugen. In dieser Phase bauen Sie jetzt schon vor, dass am Ende nicht doch noch Interesse an Ihren Produkten besteht und es zu einem Termin kommt. Besonders erfolgreich sind Sie mit Formulierungen wie „Sie müssen aber ...", „trotzdem ...", „Nein". Benutzen Sie ruhig auch Pauschalisierungen wie „nie", „immer" und „alle".

„Sie müssen mir zwei Stunden Zeit geben. Alle haben danach immer verstanden, warum auch sie unser Produkt kaufen müssen. Es geht um Folgendes ..."

Menschen lieben verbindliche Gesprächspartner. Zeigen Sie zum Ende Ihres kurzen, knackigen Monologes Entschlossenheit. Kommen Sie direkt auf den Punkt und diktieren Sie dem Kunden Ihren Terminwunsch. Lassen Sie es nicht zu, dass der Kunde Sie verplant.

Bieten Sie im ersten Schritt sehr frühe Termine noch vor acht Uhr am Morgen an. Zu anderen Zeiten sind Sie eben schon verplant. Der Kunde soll gleich wissen, wie beschäftigt Sie sind.

„Okay, da habe ich wohl noch mal Glück gehabt. Sie möchten ja unbedingt einen Termin. Ich schlage vor, kommenden Montag um 7:35 Uhr."

„Das ist aber früh!"

„Der frühe Vogel und so weiter. Kennen Sie doch. Ich habe eben zu tun."

Sie haben den Termin genannt. Die Reaktion in mehr als 90% der Fälle wird sein: Dem werten Kunden passt Ihr Vorschlag nicht. Soweit haben Sie alles richtig gemacht. Jetzt gehen Sie einen Schritt weiter:

„Das ist aber schade. An anderen Tagen habe ich keine Zeit. Was halten Sie davon, ich opfere mein sauer verdientes Wochenende? Wir treffen uns am Samstag gegen 15:30 Uhr?"

Treffer – versenkt! Das heilige Wochenende und dann noch zur Fußballzeit. Natürlich stimmt kein einziger Kunde dieser wahnwitzigen Idee zu – aber: Sie haben Bereitschaft signalisiert. Sie gehen so weit, Ihr Wochenende zum Wohle Ihrer Kunden und der

Firma zu opfern. Ihnen soll keiner nachsagen, Sie zeigten kein Engagement.

Drehen Sie sich Ihren Kollegen im Raum um.

Zucken Sie leicht mit Ihren Achseln: „Was soll ich nur machen?" Allen Anwesenden ist klar, da telefoniert einer mit vollem Eifer und unter Einsatz seiner Freizeit. Das Mitgefühl ist auf Ihrer Seite, während Sie sich weiter Absagen abholen.

In meiner Zeit als Verkäufer in der Hotellerie war es eine meiner Aufgaben, mit den unser Hotel buchenden Sekretärinnen zu jedem erdenklichen Anlass essen zu gehen. Eingeladen wurden die Damen von mir telefonisch zu den üblichen kulinarischen Aktionswochen. Ich aß in dieser Zeit Tonnen von Spargel mit Erdbeeren, stürzte mich auf Fisch und andere Meerestiere, so dass Greenpeace schon vom Fischsterben sprach. Mein Highlight in jedem Jahr aber waren die Gänse-Wochen im November. Hatte ich die Nase voll und ausreichend Alibitermine mit Sekretärinnen vereinbart, machte ich mir einen kleinen Spaß zunutze, um nicht noch mehr Termine zu bekommen.

„Frau Adamschek, Sie möchte ich einladen. In den kommenden Wochen zum Gänse-Essen bei uns im Hause."

„Das ist aber lieb. Danke."

„Ach wofür. Gerne. Ich habe in diesem Jahr schon mit so vielen Gänsen in diesem Jahr gegessen …"

„…"

Frauen reagieren manchmal anders als Männer. Männer diskutieren nicht. Haben Sie alles richtig gemacht, beendet Ihr Gesprächspartner das Gespräch von selbst. Frauen diskutieren gerne. Eine Formulierung bei Telefonaten mit Frauen in Führungspositionen hat sich bewährt:

„Hallo Frau Schmidt, jetzt habe ich schon mit so vielen Sekretärinnen vor Ihnen gesprochen, Sie sagen mir jetzt nicht auch noch, dass Ihr Chef keine Zeit hat? ... Ach, Sie sind der Chef. Naja, kann man nichts machen. Ist ja auch nicht auch nicht schlimm, was?!"

**Erfolgsstrategie 3
Leidvolle Fäden**

Tausende erfolgreiche Nichtverkäufer machen uns das Nichtverkaufen jeden Tag erfolgreich vor. Sie nutzen ein wunderbares Werkzeug, um ihre Kunden zum Nichtabschluss zu drängen. Den standardisierten Telefonleitfaden:

„Guten Tag, Herr Max Mustermann, mein Name ist … (Vorname Zuname), von … (Firmenname).

Wichtig: die Kontaktperson mit Namen (sofern bekannt) ansprechen und den eigenen vollen Namen sowie die Firma erwähnen.

Die Kontrollfrage: Spreche ich mit Max Mustermann persönlich? Dann eine kurze Pause (max. drei Sekunden) und dann gleich wie folgt nachlegen:

Tipp: Verwenden Sie folgenden Satz – der kommt sehr gut und sorgt für einen positiven Beginn.

„Schön, dass ich Sie gleich erreiche!"

Sie kennen solche Texte? Wenn Sie zu Hause angerufen werden und der Verkäufer benutzt einen solchen oder ähnlichen Leitfaden, wie ist wohl Ihre erste Reaktion? Vermutlich schon auf die erste Zeile?

Sie hören nicht mehr hin oder beenden erbost das Gespräch. Gut so. Warum sollte es anders sein, wenn Sie nun jemanden nach diesem Leitfaden anrufen? Lernen Sie von den Besten. In Zukunft hören Sie genau hin, wenn Sie ein so talentierter Nichtverkäufer anruft und von seinem Leitfaden erzählt. Machen Sie sich bitte Notizen. Wenden Sie die häufigsten Floskeln aus diesen Leitfäden selbst an. In ganz kurzer Zeit können Sie so Ihre Schlagzahl der geführten erfolglosen Telefonate steigern.

Das Leid mit dem ewigen Kontakten

Ich habe keine Ahnung, wie viele Verkäufer allein im Außendienst in Deutschland jeden Tag unterwegs sind. Angesprochen werden Familie, Freunde, Bekannte und völlig Unbekannte. Wie ein Überfallkommando fallen diese Scharen von Verkäufern über ihre potentiellen Kunden her. Da werden Unternehmen besucht, alte Bekannte an der Wursttheke angesprochen und hier und da auch Menschen auf offener Straße auf die vielen Produktvorzüge aufmerksam gemacht. Im Internet werden Sie verfolgt von Freundschafts- und Kontaktanfragen à la Facebook und XING. Verniedlicht wird nicht von Penetranz gesprochen sondern von Netzwerken.

Kontakten was das Zeug hält. Offensichtlicher können Sie sich nicht als klassischer Verkäufer outen.

Sie als erfolgreichen Nichtverkäufer haben eine ganz einfach Strategie: Sie sprechen niemanden an. Die Kontakte, die Sie pflegen sind Ihre Familie und engste Freunde und das in Ihrer Freizeit. Alle anderen lassen Sie erfolgreich links liegen.

Was aber tun Sie, wenn Sie für ein Unternehmen arbeiten, wo zu der Kaltakquise auch der Besuch bei möglichen Kunden gehört? Sie können sich nicht hinter Ihren Telefonaktivitäten verstecken. Zeit im Büro verbringen Sie kaum. Immer wieder neue Konzepte zu entwickeln ginge nur in der Freizeit und Arbeit in deiner Freizeit ist tabu.

Wie schon bei der Kaltakquise am Telefon gilt es auch bei diesen Besuchen durch die Masse der Kontakte zu überzeugen. Nehmen wir einmal an, Sie besuchen täglich fünf mögliche Kunden. Sie machen alles richtig als erfolgreicher Nichtverkäufer und alle fünf haben kein Interesse an weiteren Informationen. Sie bringen in der Firma vor, dass die Kunden keine Ahnung haben, dass der Markt nicht reif ist für Ihr Produkt und solange das Marketing nicht Logo und den Webauftritt ändert, werden Sie sowieso nichts verkaufen können. Werden Sie so Ihren Chef davon überzeugen können? Vermutlich nicht. Erkennt er hinter Ihrem Tun keinen wirklichen überdurchschnittlichen Einsatz.

Anders wird es, wenn Sie von Beginn an für viele Termine sorgen. Mit den folgenden Tipps im Umgang mit persönlichen Kontakten wird es Ihnen gelingen Ihre Schlagzahl deutlich zu erhöhen. Stellen Sie sich bitte vor, was Ihr Chef sagen wird, wenn Sie ihm die Welt erklären, nachdem Sie allein in einer Woche mehr als 100 Kunden besucht haben und von denen mehr als 90% nicht kaufen wollten. Vielleicht wird er nicht gleich in den ersten Wochen beginnen zu begreifen. Wenn Sie nun aber konsequent so weiter arbeiten, wird Ihr Mühen nicht ohne Folgen bleiben. Ihrem Chef kommen Zweifel. Wenn ein so engagierter Verkäufer – wie Sie es in seinen Augen einer sind – nichts verkauft, dann muss doch an Ihren Begründungen dafür etwas dran sein. So werden Sie Ihren Chef los. Zumindest für eine Zeit. Jetzt haben Sie erreicht, dass Ihr Chef seinen Blick vom Vertrieb nimmt und zum Beispiel die IT-Abteilung nervt, warum die Homepage nicht so gestaltet ist, wie Sie es schon lange predigen. Selbstverständlich werden Sie trotz dieser Tipps es nicht verhindern können, dass auch der ein oder andere Käufer dabei herausspringt. Wen kümmert das bei einer Quote von mehr als 90% Absagen.

**Erfolgsstrategie 4
Soziale Netzwerke**

Die Erfindung der sozialen Netzwerke wie Xing oder Facebook sind für Sie als erfolgreicher Nichtverkäufer ein Segen. Hier können Sie Ihre blinde Kontaktwut ausleben. Niemand ist vor Ihnen sicher. All die Millionen Mitglieder sind Ihre neuen Kontakte. Sammeln Sie möglichst viele virtuelle Freunde. Tauschen Sie sich rege mit ihnen aus. Legen Sie sich eine übersichtliche Geburtstagsliste an, damit Sie nicht vergessen, an diesen Ehrentagen auch Ihre neuen Freunde anzurufen und ihnen zu mailen – selbstverständlich während Ihrer Arbeitszeit. Benutzen Sie Ihre Kontakte in Gesprächen mit Kollegen und Vorgesetzten.

„Das ist ein interessanter Punkt, Chef. Ich werde das gleich mal mit dem Geschäftsführer der Meyerhoff und Söhne GmbH diskutieren. Ich habe da so meine Beziehungen ..."

Sie zeigen über ein normales Maß hinaus Interesse an neuen Kundenkreisen. Das wird von anderen gesehen und honoriert. Verschaffen Sie sich täglich einen genauen Überblick was in den hunderten von interessanten Gruppen los ist.

Um Ihnen das Arbeiten zu erleichtern, setzen Sie auf bewährte Strategien: CaP – copy and paste. Versenden Sie Nachrichten, indem Sie sie einmal formulieren und dann kopieren, um sie an Ihre Kontakte weiterzuversenden. Ebenso verfahren Sie auch mit Kontaktanfragen. Suchen Sie einmal nach einer möglichst unverfänglichen Formulierung und benutzen diese dann als Standard. Hilfreich sind auch Werkzeuge wie der Xing-Butler, der die Arbeit ganz automatisch für Sie übernimmt. In nur kurzer Zeit werden Sie mit einer großen Anzahl von Kontakten zu tun haben. Hinter all diesen Menschen könnten sich die Kunden für Ihr Unternehmen verbergen. Sorgen Sie dafür, dass diese neuen Kontakte möglichst täglich von Ihnen hören. Verlinken Sie Ihre Profile auf Facebook, Xing, Stayfriends, Twitter, whats app, google+ und wie diese sozialen Netzwerke alle heißen mit Ihren Kontakten. So stellen Sie sicher, dass alles, was Sie twittern, posten oder sonst wie in den Äther hinausblasen alle Kontakte auf allen Kanälen erreicht. Rund um die Uhr. Und das in der Regel doppelt und dreifach.

Fazit

Es geht nicht mit und es geht nicht ohne Akquise. Richtig verstanden bieten sich Ihnen als Nichtverkäufer großartige Gelegenheiten, sich Ihr Arbeitspensum und Ihre Zeit selbst einzuteilen. Sie als echter Nichtverkäufer finden das gesunde Mittelmaß. Sie haben ein untrügliches Gespür dafür, wann Sie Ihr Umfeld mit hektischem Aktionismus von Ihrer Arbeitsdichte überzeugen müssen, oder wann es mal wieder Zeit ist, den ein oder anderen Kunden anzuschleppen. Sie werden lernen nicht länger Blitzableiter für unzufriedene Kunde zu sein. Sie werden sich Ihren Tagesablauf nicht länger von Kunden und anderen Mitarbeitern diktieren lassen.

Ihre neue Einstellung als Nichtverkäufer lässt Sie mit den negativen Reaktionen Ihrer Kunden entspannt umgehen. Sie wissen um die Wirkung Ihrer Akquise. Die Absagen und das Desinteresse planen Sie im Vorfeld ganz bewusst schon mit ein. Sorgen Sie bitte dafür, dass auf Ihrer Pipeline immer genug Druck ist. Vergessen Sie nie: Je mehr Absagen Sie bekommen, desto weniger wird man bei Ihnen die Ursachen dafür suchen, solange Sie genug Zeit dafür aufbringen, allen und jedem zu erklären, woran es nun gelegen hat, dass auch dieser wichtige Kunde wieder nicht gekauft hat. Vergessen Sie nicht durch kleine Hinweise auf die Verantwortung des Managements hinzuweisen. Sie sind offensichtlich sehr um den Erfolg des Unternehmens bemüht. Reicht das

Ihrem Arbeitgeber nicht, wird er einen so loyalen Mitarbeiter wie Ihnen nicht die Tür weisen. Im Gegenteil, er ist interessiert an Ihrer persönlichen Entwicklung und wird Sie auf Seminare schicken. Für Sie bedeutet das weitere freie Tage.

Das Verkaufsgespräch erfolgreicher Nichtverkäufer

Goldene Regeln für persönliches Kontakten

Der persönliche Kontakt zu Ihren Kunden lässt sich nicht immer vermeiden. Wichtig für Sie ist, dass Sie sich über die Chancen und die Gefahren des persönlichen Kontaktes im Vorfeld im Klaren sind. Innerhalb von Sekunden entscheidet sich beim Erstkontakt, wieweit Ihr Gegenüber Sie sympathisch findet – oder hoffentlich nicht. Da laufen ganz unbewusste Programme ab, auf die Sie kaum Einfluss haben. Auch hier gilt wie beim Telefonieren: Ihre Einstellung entscheidet. Überlassen Sie bitte nichts dem Zufall. Die folgenden Punkte werden Ihnen helfen, in den kritischen ersten Sekunden dafür zu sorgen, dass Sie die die Oberhand behalten. Lassen Sie sich von solchen unbewussten Prozessen nicht aufhalten. Sorgen Sie dafür, dass Sie selbst über das Unterbewusstsein Ihrer Kunden der Chef sind. Sie geben den Ton an und und zwar auf ganzer Linie.

Outfit

Drücken Sie Ihr neu gewonnenes Selbstbewusstsein als Nichtverkäufer schon in der Art Ihrer Kleidung aus. Sie haben es nicht nötig sich zu verkleiden oder sich an einen sonst wie gearteten Mainstream anzupassen. Achten Sie bei Ihren Vorbereitungen für einen Termin darauf, dass Sie immer eine Spur schlechter angezogen sind, als man von Ihnen als klassischer Verkäufer erwartet. Denken Sie dabei bitte daran, Soldaten ziehen auch nicht nur in Stringtangas in den Krieg. Mit etwas Niveau und der Situation angepasst darf Ihr Outfit schon sein. Sie haben alles richtig gemacht, wenn das Unterbewusstsein Ihres Gesprächspartners laufend damit beschäftigt ist eine Antwort auf die Frage „Warum sieht der Kerl so anders als andere aus?" zu finden.

Intimzone

Packen Sie beherzt zu. Ergreifen Sie die Hand Ihres Gesprächspartners und ziehen Sie sie mit dem ganzen Rest in Ihre eigene Nahkampfzone. Rücken Sie Ihrem Kunden auf die Pelle. Vielleicht können Sie mit etwas Nachdruck dafür sorgen, dass Ihr Kunde sprichwörtlich mit dem Rücken zur Wand steht. Es gilt das Sprichwort der alten Haudegen aus den guten alten Zeiten des Vertriebs: Sorgen Sie dafür, dass Ihr Kunde den Reibungswiderstand – während Sie ihn über den Tisch ziehen – als Nestwärme empfindet.

Vorwürfe

Wie Sie starten, so liegen Sie im Rennen. Zeigen Sie Ihrem Kunden, wie es Sie nervt ihn zu besuchen. Hilfreich sind indirekte Vorwürfe. Beschweren Sie sich über die Verkehrssituation auf dem Weg zum Kunden oder die fehlenden Parkplätze vor dem Haus des Kunden. Hat das Gebäude keinen Fahrstuhl, ist dies auch ein guter Aufhänger, um von den Strapazen als Außendienstler zu sprechen. Der Kunde soll wissen, dass Ihr Einsatz nicht selbstverständlich ist. Ihr Kunde wird sich nicht gerne rechtfertigen wollen. Das sorgt für die richtige Ausgangssituation für das weitere Gespräch.

Selbstverständlichkeiten

Wie auch bei einem Telefonat kommen Sie bitte direkt zum Punkt.

„So, da bin ich also. Lassen Sie uns gleich zur Sache kommen. Sie glauben also, wir hätten ein Interesse, Sie zum Kunden zu haben. Wie kommen Sie denn auf das schmale Brett?"

Hinterfragen Sie auf gar keinen Fall den Bedarf. Dass der Kunde einen Bedarf an Ihren Produkten hat, wissen Sie. Andernfalls würden Sie diesen Kunden ja auch nicht besuchen. Das soll auch der Kunde spüren.

Penetranz

Nichts hört Ihr Kunde lieber als seinen Namen – aber nicht nach jedem Ihrer Sätze. Penetrieren Sie Ihren Kunden. Zumindest indem Sie diese Gesprächstechnik bis zum Exzess betreiben. Nicken Sie dabei wie selbstverständlich mit dem Kopf und zeigen Sie Ihr breitestes und künstlichstes Lächeln. Ihr Gegenüber wird das Gefühl nicht loswerden, Sie machen sich über ihn lustig. Richtig!

Routine

Viele klassische Verkäufer behaupten Routine sei Gift für den Verkaufsprozess. Recht haben sie! Und Sie als erfolgreicher Nichtverkäufer wissen das natürlich zu nutzen. Sie arbeiten sich an jedem zur Verfügung stehenden Gesprächsleitfaden ab. Und das so routiniert gelangweilt wie möglich.

„Nein, lassen Sie uns erst noch über einen anderen Punkt auf meiner Liste sprechen. Ihre Frage passt mir jetzt gar nicht in mein Konzept."

Wann hatten Sie das letzte Mal das Vergnügen mit Ihrem Finanzbeamten zu sprechen. Nehmen Sie sich daran ein Beispiel. Sachlich und unbeirrbar machen Ihnen solche Beamte klar, alles besser zu wissen als Sie. Sie lassen sich nicht aus der Ruhe bringen. Arbeiten Sie Ihre Liste Punkt für Punkt ab. Bleiben Sie monoton und falls Sie auch nur noch einen Funken von Begeisterung für Ihre Produkte in sich tragen, geben Sie sich die größte Mühe, das zu diesem Zeitpunkt zu verbergen.

Vorwegnahme

Widersprechen Sie dem Kunden, wenn er zu Wort kommt und Ihren Redefluss mit Einwänden versucht zu stoppen.

„Ihren Einwand kann ich nicht verstehen. Wie können Sie jetzt schon wissen, dass unser Angebot nichts für Sie ist. Sie haben doch noch gar keine Ahnung davon, worum es wirklich geht."

oder

„Wenn Sie schon alles wissen, was glauben Sie, wofür werde ich wohl bezahlt?!"

Stellen Sie unverzüglich klar, Sie werden dafür bezahlt über Ihre Produkte alles zu wissen. Der Kunde kann über Ihr Wissen nicht verfügen. Wie will er dann entscheiden können, ob das, was Sie ihm anbieten, nichts für ihn ist? Gerade im persönlichen Gespräch kommt es darauf an, den Kunden entweder ohne umschweife und viel Trara kaufen zu lassen, oder eben mit Sang und Klang zu scheitern. Ein Mittendrin gibt es nicht.

Kompetenz

Stellen Sie sich und Ihre Kompetenzen immer wieder in den Mittelpunkt. Sie lassen sich nicht an der Nase durch den Kakao ziehen wie ein Tanzbär. Sie lassen sich nicht beirren durch Einwände und Fragen. Sie geben den Ton an.

„Eigentlich müsste ich gar nicht hier sein. Was meinen Sie, wie viele andere dankbare Kunden auf mich warten, während wir hier rumsitzen."

**Erfolgsstrategie 5
Der Duft der weiten Welt**

Unsere Nase nimmt Gerüche unmittelbar wahr und löst direkte Reaktionen aus. Wir haben keine Chance, den Eindrücken unseres Sinnesorgans Nase zu entkommen. Ohne Filter lösen Gerüche Bilder, Erinnerungen und Emotionen in uns aus. Die Profis unter den neuen Nichtverkäufern bauen auch aus diesem Grund auf die Wirkung von Gerüchen. Ihnen sollte es von nun an egal sein, wenn Sie mit Ihrem Partner oder Ihrer Partnerin zu Abend essen, ob Knoblauch in den Gerichten sein könnte. Im Gegenteil. Ständiger Begleiter des erfolgreichen Nichtverkäufers ist der klassische Flachmann. Einen Schluck vom Hochprozentigen kurz vor dem Termin und der erste Eindruck stimmt. Mein Favorit ist allerdings ein anderer: Eine Tasse Kaffee auf nüchternen Magen und darauf eine Zigarette. Das gibt einen Mundgeruch, der Ihre potentiellen Gesprächspartner ganz unwillkürlich zurückweichen lässt. Dieser kleine Trick lässt sich den ganzen Tag über auch in der Öffentlichkeit wiederholen, anders als der Trick mit dem Flachmann. Und es kostet Sie nicht den Führerschein, oder noch schlimmer Ihren Arbeitsplatz. Sie werden feststellen, sehr viele Verkäufer, egal ob klassische Verkäufer oder neue Nichtverkäufer, beherrschen diesen Trick schon.

In der Welt der Düfte können Sie sich austoben.

Erleben Sie die Aufdringlichkeit von Gerüchen bei Ihrem nächsten Besuch in einer Parfümerie. Decken Sie sich ein mit solchen Düften, nur bitte lassen Sie die Finger von Duschgel und Deos. Es sei denn, Ihr Kunde ist einer von den immer mehr werdenden Ökofreaks. Hier drehen Sie den Spieß einfach um. Statt ungeduscht und mit herber natürlicher Männernote in den Klamotten, parfümieren Sie sich bei solchen Typen von Kopf bis Fuß. Bei Terminen am Nachmittag bietet es sich geradezu an zu Mittag einen Abstecher in die nächstbeste Pommesbude zu machen. Ihre Kleidung saugt – ebenso wie das Löschpapier aus Ihrer längst vergangenen Grundschulzeit die Tinte – den Gestank von altem abgestandenen Frittenfett auf. In wenigen Minuten stinken Sie als wäre Pommesbudenverkäufer Ihr Nebenjob. Schade, dass in den Frittenranchen dieses Landes nicht mehr geraucht werden darf. Das hatte noch eine ganz besondere Note. Finden Sie Ihren eigenen Geruch. Schließlich soll dieser zu Ihnen und Ihren Absichten passen.

Der Ablauf

Termine werden Sie machen müssen, ob Sie nun möchten oder nicht. Es sei denn, Sie gehören zu dem Heer der Verkäufer, die ihr Dasein innerhalb der Konsum- und Fresstempel fristen. Wenn Sie nicht wollen, ist das um so besser. Das ist eine gute Voraussetzung für Ihre ganz persönliche Art des Abschlusses. Lässt es sich trotz Ihrer Bemühungen nicht verhindern und der Kunde vereinbart einen Termin mit Ihnen, dann sorgen Sie im Vorfeld schon für die nötige Stimmung für Ihr Erstgespräch. Im Erstgespräch geht es neben Ihrem Produkt vielmehr darum, wie Sie sich vermarkten. Sorgen Sie mit Ihrem qualifizierten Erstgespräch dafür, dass Sie nie wieder vergessen werden. Ihre Kunden müssen wissen, mit wem sie es zu tun haben oder besser nicht zu tun haben wollen. Vor jedem Gespräch setzen Sie sich ein Ziel. Ihre Ziele sind: Entweder versuchen Sie mühselige Arbeiten in der Verkaufsabwicklung, Aftersales-Service und Administration zu vermeiden, oder wenn ein Verkauf sich nicht vermeiden lässt, nur die Produkte zu verkaufen bei denen die höchsten Provisionen für Sie herausspringen.

Ihr Gesprächsablauf ist immer gleich. Wie auch bei den Durchschnittsverkäufern baut sich Ihr Gespräch auf aus einer Warm Up Phase, einer Produktpräsentation und einer Abschlussphase. Vorbei die guten alten Zeiten. Vor mehr als 30 Jahren galt der unverfängliche Smalltalk zu Beginn eines Verkaufsgespräches noch als Bullshittalk. Verpönt war zu viel Geschwafel zu Beginn. Kurz, knapp und sofort zur Sache kommen, so die Devise der echten Verkaufshelden von einst.

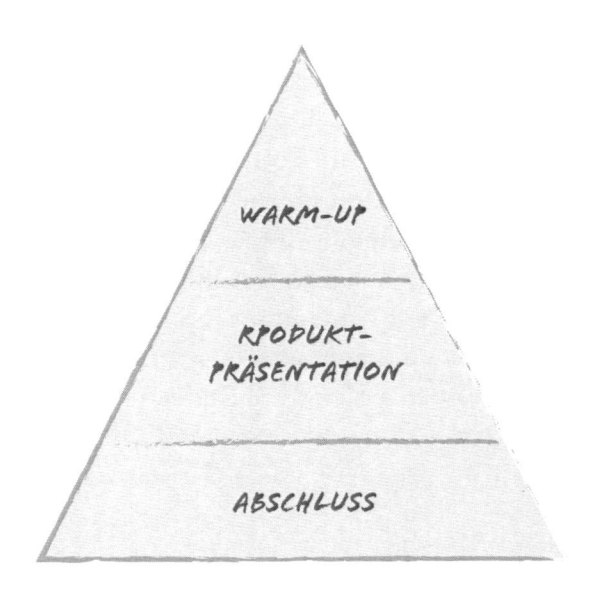

WARM-UP

RPODUKT-PRÄSENTATION

ABSCHLUSS

Die Produkterklärung folgte und der größte Anteil der wertvollen Zeit ging für den Abschluss drauf. Beim Nein fängt der Verkauf erst an, so die typische Einstellung der Verkäufer dieser Zeiten.

Psychologen, Trainer und sonstige Verkaufsgurus haben mit der zunehmenden Glorifizierung der Kunden den Spieß kurzerhand umgedreht:

WARM-UP

RPODUKT-PRÄSENTATION

ABSCHLUSS

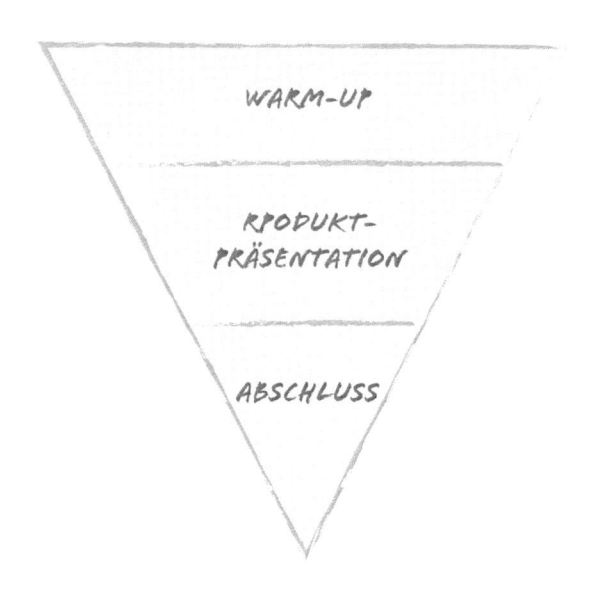

Die heutige Generation der Einheitsverkäuferbrigade wird stumpf darin ausgebildet, dem Kunden möglichst viel Raum zum Erzählen zu geben. Der werte Kunde möge sich doch so richtig wohlfühlen. Schließlich ist er es, um den sich alles dreht. Dieses Gefühl soll ihm schon zu Beginn des Gespräches gegeben werden. Für die Produktpräsentation nehmen sich die verweichlichten Verkäufer genauso viel Zeit, wie der frühere Brutaloverkäufer. Der Unterschied: Das gute Gefühl im Mittelpunkt zu stehen, soll aus der Produktpräsentation einen Akt der Nutzenerläuterung machen. Hat der Kunde den Nutzen für ihn erkannt, dann folgt ganz automatisch der Abschluss.

Das wissen Sie als neuer Nichtverkäufer zu verhindern. Sie arbeiten mit einem ganz eigenen erfolgreichen Modell:

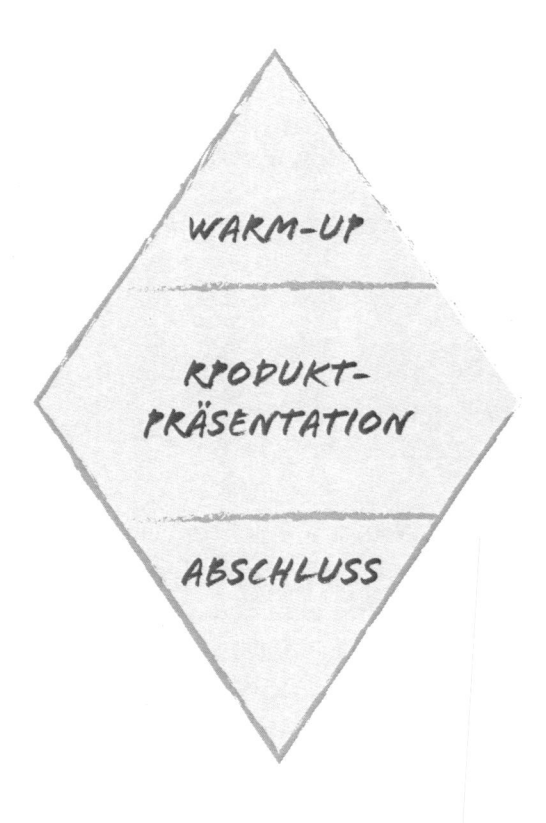

WARM-UP

RPODUKT-PRÄSENTATION

ABSCHLUSS

Ihr primäres Ziel ist nicht der Abschluss. Für Sie steht die Aktivität im Mittelpunkt. Die meiste Zeit wenden Sie für Ihre ausführliche Produktpräsentation auf. Im Folgenden sehen wir uns die Chancen und die Tücken der einzelnen Phasen Ihres zukünftigen Verkaufsgespräches genauer an.

Warm-up Phase

Die Warm-up Phase ist die gefährlichste Phase für Sie als Nichtverkäufer. Je länger Ihr möglicher Kunde Sie sympathisch findet, desto schwieriger wird es für Sie in der Abschlussphase. Der Kunde muss im Verkäufer einen Vollidioten sehen. Der Nichtverkäufer sieht in seinen Kunden Vollidioten. Das ist ein gutes und ausgewogenes Verhältnis. Viele gute Nichtverkäufer machen den Fehler, viel zu smart zu wirken und bekommen beim Abschluss den Hals nicht mehr aus der Schlinge.

Gehen Sie vor einem Termin noch einmal Ihre Checkliste durch. Haben Sie an die Flachmann-Taktik oder die Kaffee-Zigaretten-Taktik gedacht? Wie sind Sie angezogen? Und ganz wichtig: Bringen Sie sich in die richtige Stimmung!

Ihr Kunde hat einen Termin mit Ihnen. Welchen Grund gibt es dann noch anzuklopfen? Treten Sie zügig ein. Drücken Sie die Hand Ihres möglichen Kunden lange und fest. Hilfreich ist es, mit dem Handschlag seinen Gegenüber ein gutes Stück zu sich heranzuziehen. Gelingt Ihnen das, ist das der optimale Zeitpunkt mit der Kaffee-Zigaretten-Taktik zu punkten.

Suchen Sie sich einen bequemen Platz und setzen Sie sich, wohin Sie wollen. Im Idealfall sitzen Sie schon vor Ihrem Kunden.

Selbstverständlich sind Sie nicht pünktlich! Ihre

Kunden erhalten täglich unzählige E-Mails mit irgendeinem lästigen Inhalt. Eine Terminbestätigung klemmen Sie sich und sorgen so für eine Nachricht weniger für Ihren möglichen Kunden. Das Fehlen einer Bestätigung nutzen Sie dazu, schon mal etwas später zu erscheinen, als vereinbart. Ihr Argument kann sein:

„Lieber Herr Schmitz-Rille, da haben sie sich aber vertan." Oder besser „da haben sie aber nicht zugehört. Der Termin ist …"

Schon beim Einstieg in das Gespräch machen Sie so unmissverständlich klar, wer hier wen führt. Entschuldigen Sie sich nicht für Ihre Verspätungen. Egal ob geplant oder tatsächlich ganz unbeabsichtigt. Für Entschuldigungen gilt, auch im späteren Verlauf des Gespräches bringen Sie sich in die schwächere Position. Sie als erfolgreiche Nichtverkäufer können alles, Sie wissen alles und wenn Sie mal etwas nicht wissen, dann tut das nichts zur Sache. Mit der Ahnungslosigkeit halten Sie es wie mit dem Sex. Auf einen richtigen Orgasmus kommen vier vorgetäuschte Orgasmen. Und mal ehrlich, schadet das jemandem? Was Sie nicht wissen, das müssen Sie sich eben erklären.

Der klassische Verkäufer ist darauf gedrillt, möglichst alles von seinem möglichen Kunden zu wissen. Er soll darüber hinaus alles über sein Produkt und das der Konkurrenz kennen. Sie setzten sich mit solchen Fragen nur theoretisch auseinander, um

Ihren Arbeitseifer zu dokumentieren. Das wissen über Ihre Kunden ist für Sie sekundär. Sie sind redegewandt und rhetorisch geschliffen. Was Sie wissen wollen, lassen Sie andere für sich herausfinden. In einem Erstgespräch entscheiden Sie spontan, ob Sie tiefere Informationen benötigen, um Ihre Ziele zu erreichen. Sie zögern nicht danach zu fragen. Garantiert für die richtige Stimmung sorgen Sie mit Fragen gleich zu Beginn zu Themen wie Erfolg des Unternehmens, persönlichem Erfolg des Kunden, Familienstand, Hobbys und Einrichtung des Büros.

„Lieber Herr Müller, auf dem Weg zu Ihnen ins Büro habe ich gesehen, so weit ist es mit dem Erfolg ihres Unternehmens auch nicht her?"

„Sagen Sie mal, stimmt es, dass Sie persönlich diesen riesen Deal an die Wand gefahren haben?"

„Jetzt wo ich das Bild ihrer Familie auf dem Schreibtisch sehe, bei Ihnen in der Ehe ist alles in Ordnung? Man hört ja so viel Schlimmes."

„Mal unter uns, Sport treiben wir beide ja nun nicht gerade."

„Lieber Kunde, ich bin kein Arzt, aber bei diesen Farbkombinationen im Raum müssen sie doch Kopfschmerzen bekommen."

Noch bevor Ihr Gegenüber antworten kann, leiten Sie elegant mit „Na ja, ist auch egal. Warum ich hier bin ..." in die Produktpräsentation über. Mehr nicht. So sorgen Sie für die richtige Ausgangsstimmung bei Ihrem Gegenüber, wenn es jetzt um Ihre

Produkte geht.

Andere tolle Themen für einen gelungenen Einstieg zum Ausstieg aus der Warm-up Phase sind Themen aus Politik und Religion. Auch Witze und Zoten bieten sich geradezu an.

Die Produktpräsentation

Trotz aller vorbereitenden Maßnahmen über das erste Telefonat, die Terminvereinbarung und einer Glanzleistung in Ihrer Warm-up Phase kommt es zur Angebots- bzw. Produktpräsentation. Zu hinterfragen, wie es soweit überhaupt hat kommen können, lohnt jetzt nicht mehr. Halten Sie sich nicht mit Selbstkritik auf. Es ist Zeit zu handeln. Es ist anzunehmen, dass Ihr Gegenüber großes Interesse an Ihrem Angebot hat, obwohl Sie sich alle Mühe gegeben haben, es ihm so schwer wie möglich zu machen, gerade bei Ihnen zu kaufen. Sei es drum. Sie meistern auch diese Herausforderung. Zunächst haben Sie sich intensiv vorbereitet und zum anderen sind Sie ein Mann der Tat. Sie setzen um. Die Produkt- oder Angebotspräsentation dient dazu:
- den Abschluss zu verhindern,
- lässt sich der Abschluss nicht verhindern, im Vorfeld schon dafür zu sorgen, dass in der Phase nach dem Kauf nicht noch Arbeit für Sie anfällt.
- Der Kunde will kaufen – dann soll er die Produkte kaufen, von denen Sie als Nichtverkäufer am meisten haben.

Die notwendigen Vorbereitungen vor einer Produktpräsentation

Als bisher klassischer Verkäufer kennen Sie Sätze, wie
- Wissen Sie alles über Ihre Kunden.
- Wissen Sie alles über Ihr Produkt.
- Wissen Sie alles über Ihren Mitbewerber.

Ich frage Sie ganz offen: Wozu? Als neuer Nichtverkäufer werden Sie sich mit diesen Dingen nur in dem Maß aufhalten, wie es für das Erreichen Ihrer Ziele notwendig ist. Alles über Ihre Kunden zu wissen ist überflüssig. Wozu sollten Sie wissen, was genau die Wünsche und Bedürfnisse Ihres Kunden sind, wenn es doch gar nicht in Ihrem Interesse ist, sie auch nur ansatzweise zu erfüllen. Ganz im Gegenteil. Stellen Sie sich bitte die Situation vor, Sie heucheln gekonnt Interesse und der Kunde findet sich in Ihren Worten wieder. Zum Schluss empfindet er sogar noch Sympathie. Das ist für Sie in Ihrem neuen Leben als Nichtverkäufer der Anfang vom Ende. Das riecht nach Arbeit. Nimmt der Kunde Sie als Menschen wahr, ist der Ärger schon vorprogrammiert.

Ihre Interessenten erwarten von Ihnen gut beraten zu werden. Sie haben Fragen und Wünsche. Ihre Aufgabe wird es sein, damit erfolgreich nach Ihren Vorstellungen und Zielen umzugehen. Zwei typische

Rollen des erfolgreichen Nichtverkäufers während der Produktpräsentation und der Abschlussphase helfen dabei:

1. Der Besserwisser

Wenn Ihr Interessent informiert werden will, dann aber doch bitte voll und umfänglich. Als neuer Nichtverkäufer legen Sie großen Wert darauf, selbst möglichst viel von Ihren Produkten zu wissen. Nur für diese Rolle lohnt es sich Produktwissen anzueignen.

Viele Stunden verbringen Sie damit im Internet nach den aktuellsten Einträgen zu Ihrem Angebot zu fahnden. Sie antworten anonym auf Foreneinträge und beteiligen sich an virtuellen Diskussionen. Ihr Umfeld erkennt an, wie sehr Sie Ihren Markt analysieren. Vergessen Sie bitte dabei nicht die vielen negativen Schlüsse als Fragen in der nächsten Kaffeepause in die Runde zu werfen. Sorgen Sie für die nötige Portion Unsicherheit bei Ihren Kollegen. Sie werden Sie als Fachmann bestätigen und Ihre Kompetenz nicht infrage stellen.

In der Warm-up Phase noch kurz angebunden, stellen Sie während der Produktpräsentation Ihr Angebot so umfangreich wie nur möglich vor. Beeindrucken Sie Ihren Kunden mit all Ihrem Wissen. Sie sind der tollste Hecht im Karpfenteich und Ihr Interessent kann froh sein, Sie als Berater an seiner Seite zu haben. Keine Fragen lassen Sie unbeantwortet. Egal ob sie nun gestellt worden sind oder nicht. Sie wissen was Ihr Kunde denkt. Greifen Sie möglichen Fragen nach dem Haken vorweg. Weisen Sie auf alles, was auch nur ansatzweise mit Ihren Produkten zu tun haben könnte. Stellen Sie mit Ihren Erörterungen stets neue Fragen in den Raum und beantworten diese so gleich in epischer Breite. Lassen Sie sich auf jede Diskussion ein. Einwände nehmen Sie als willkommene Hilfe, um aus Interesse doch noch Desinteresse zu machen.

2. Der Ahnungslose

Anders als in der Rolle des Besserwissers geben Sie als der Ahnungslose vor, fast gar nichts über das Produkt zu wissen. Sie verstecken sich hinter vagen Aussagen und lassen sich nicht dazu verleiten, auch nur etwas Verbindliches zu sagen. Blumige Ausführungen und schwammige Aussagen sind die Waffen des Ahnungslosen. Ihr Ziel ist es, den Kunden vom Interessenten zum größten Zweifler und Skeptiker zu machen.

Viele Fragen tauchen nun im Gespräch mit Ihren Kunden auf. Sie als Nichtverkäufer werden diese Fragen nicht beantworten. Selbst dann nicht, wenn Sie die Antworten wüssten. Das ist phantastisch. Sie sorgen mit vagen Umschreibungen und vielen „sollte so sein...", „kann ich mir nicht vorstellen ..." und ähnlichen schwammigen Aussagen für Unsicherheit und Skepsis. Wenn Sie als der Verkäufer nicht viel zu Ihrem Produkt wissen, Sie wenig begeistert sind, warum sollte Ihr Kunde das Gefühl bekommen, das richtige Produkt von Ihnen präsentiert zu bekommen? Sprechen Sie die Zweifel Ihrer Kunden offen an. Gerne können Sie auch Ihre Monologe mit den Zweifeln früherer Kunden garnieren, wenn Ihr Kunde von selbst noch nicht auf die ein oder andere Idee gekommen ist.

„Schauen Sie, der Westenmick hat sich ganz Ähnliches gefragt. Wie kann es sein, dass wenn doch die

Garantiezeit zwei Jahre beträgt, offensichtlich so viele Anlagen exakt nach dem Ablauf der Garantie kaputt gehen. Das ist doch merkwürdig. Ihnen Herr Heckern verspreche ich, mich sofort darum zu kümmern und herauszufinden, ob da etwas dran ist."

Sie notieren sich die aufkommenden Zweifel und skeptischen Zwischenrufe und versprechen sich darum zu kümmern. Eine hervorragende Taktik. Auf Ihrem Schreibtisch stapeln sich die noch offenen Fragen von Kunden und in den Gesprächen mit Ihren Kollegen punkten Sie mit Sätzen wie: „Das ist kein Wunder, dass wir nicht verkaufen. Dauernd bleiben so viele Fragen unbeantwortet und mit jedem Termin kommen neue hinzu. Das kann doch kein Zufall sein oder liebe Kollegen?" Bei Ihrem Vorgesetzten punkten Sie mit Sätzen wie: „Unsere Kunden umfassend zu informieren ist doch sicherlich auch in ihrem Interesse. Ich kümmere mich gerne darum. Bedenken Sie nur Chef, was für negative Auswirkungen eine mögliche Reue des Kunden nah am Kauf für uns haben kann? So etwas spricht sich doch rum."

Sowohl der Besserwisser wie auch der Ahnungslose erreichen in der Regel ihr Ziel. Wichtig für Sie als Nichtverkäufer ist, Sie legen sich vor einem Gespräch fest, welche Rolle Sie geben werden. Beherrschen sollten Sie beide Typen.

Sie haben es mit einem renitenten Kunden zu tun. Trotz Ihrer Taktiken ist er immer noch an einem Kauf interessiert. Sie haben es nicht geschafft Ihren Kunden davon zu überzeugen, dass er nicht unbedingt zu Ihren Kunden zählen sollte. Das kann daran liegen, dass Ihr Produkt schlicht überbewertet wird. Es kann auch sein, Sie haben ein Angebot, was fast jeder braucht. Häufiger und gerade noch zu Beginn Ihrer Karriere als Nichtverkäufer haben Sie es einfach vermasselt. Während der ersten Kontaktanbahnungen bis hin zur Präsentation haben Sie irgendwo einen Fehler gemacht. Schwamm drüber. Sie setzen auf Masse statt auf Klasse. Mit den vorgestellten Techniken stehen die nächsten Sparringspartner ganz unfreiwillig Schlange.

Sie wehren sich nicht gegen einen möglichen Abschluss – nur möglichst lukrativ sollte er dann sein. Das heißt für Sie: Kommen Sie in die Situation und können den Kauf nicht abwenden, dann sorgen Sie bitte in Ihrem Gespräch schon früh genug dafür, dass Ihr zukünftiger Kunde die Produkte kauft, an denen Sie am meisten verdienen. Gehen Sie nicht auf die Wünsche Ihres Kunden ein. Ihr Augenmerk liegt ausschließlich auf den Produkten mit der höchsten Provision und dem geringsten Arbeitsaufwand. Wenn Sie schon verkaufen müssen, dann soll es sich nur für einen wirklich lohnen. Der Eine sind selbstverständlich Sie.

Im Verlauf der Präsentation werden Sie auf Ihre Konkurrenz eingehen. Faktenwissen schadet hierbei nur. Der klassische Verkäufer prügelt gerne schon einmal auf die Konkurrenz verbal ein. Seine Produkte seien nicht vergleichbar und was die anderen so konstruieren ist sowieso nur Müll. Das erzeugt durchaus auch schon Widerstände, die Sie als Nichtverkäufer in Nichtabschlüsse verwandeln. Stärker wirkt jedoch folgende Vorgehensweise. Ihnen geht es nicht darum den Mitbewerb schlecht aussehen zu lassen. Ganz im Gegenteil:

„Lieber Herr Schmidt, soweit zu unserem Multifunktionsdremel KS29. Ich weiß, so etwas darf ich eigentlich nicht sagen, aber mal im Vertrauen, dieser Multifunktionsdengel SK92 von der Müller KG im Vergleich zu unserem KS29 ... mmh. Mein Nachbar der schwärmt ja davon. Und einmal unter uns Pastorentöchtern, was glauben Sie, was ich zu Hause habe?"

Ihr Gegenüber wird etwas verunsichert, ob Ihr Produkt wirklich das Bessere ist. Alles läuft nach Plan. Aber Vorsicht! Ihr Kunde wird sich fragen, warum Sie ihm so etwas Wichtiges im Vertrauen erzählen. Kundenlogik ist zwar ein Widerspruch in sich, logisch für Ihren Kunden erscheint nun eins: Sie ziehen ihn in Ihr Vertrauen, also mögen Sie ihn. Und was noch viel schlimmer ist. Ihr Kunde mag Sie jetzt auch. Das darf nicht passieren. Aus diesem wichtigen Grund gehen Sie noch einen Schritt weiter:

„Lieber Herr Schmidt, soweit zu unserem Multifunktionsdremel KS29. Ich weiß, so etwas darf ich eigentlich nicht sagen, aber mal im Vertrauen, dieser

Multifunktionsdengel SK92 von der Müller KG im Vergleich zu unserem KS29 ... mmh. Mein Nachbar der schwärmt ja davon. Und einmal unter uns Pastorentöchtern, was glauben Sie, was ich zu Hause habe? Klar, der SK92 kostet eine ganze Stange mehr. Schade nur, dass Sie offensichtlich nach einer günstigeren Variante Ausschau halten müssen. Ansonsten säßen wir zwei ja nun nicht hier."

Jetzt stimmt die Chemie wieder und die Präsentation kann ihren weiteren Verlauf nehmen – ohne, dass noch einmal über den Mitbewerb gesprochen wird. Kleine Randnotiz: Ein Verstärker in dieser Phase des Verkaufsgespräches ist der Einsatz von Werbematerialien der Konkurrenz. Zum Beispiel notieren Sie sich Dinge auf einem Schreibblock des Mitbewerbs mit einem Kugelschreiber eines weiteren Anbieters.

Erfolgsstrategie 6
Bilder sagen mehr als Worte

Sie haben die Nase gestrichen voll von den klassischen Verkäuferinsignien. Warum sollten Sie auch zu einer Produktpräsentation im schlimmsten Fall noch mehr mitnehmen als Ihr Produkt?

Viele Firmen halten für ihren Verkauf ganze Nationalbibliotheken voller Prospekte, Flyer und Formulare parat. Für Sie sind diese Drucksachen richtig eingesetzt viel wert. Entscheiden Sie sich für die Rolle des Ahnungslosen, kennen Sie selbstverständlich die Prospekte Ihrer Firma nicht und sind sich gar nicht sicher, ob es so etwas überhaupt für Ihre Kunden gibt. „Da bin ich jetzt aber überfordert. Prospekte, ich meine so etwas schon gesehen zu haben. Sobald ich davon etwas in die Finger bekomme, sende ich Ihnen das zu." Versprechen Sie neben der Beantwortung des Fragenkatalogs auch für Prospekte zu sorgen. Eben nur nicht jetzt sofort und auch nicht mehr heute. Was für langfristige Auswirkungen diese Herangehensweise haben kann werden wir im Kapitel After Sales uns gemeinsam genauer ansehen.

Als Besserwisser setzen Sie die Prospekte, Kataloge und Flyer während Ihrer Präsentation ein, um jede einzelne Ihrer Aussagen zu dokumentieren. Kaum haben Sie ein Produktmerkmal erwähnt, hat Ihr Kunde die passende Textstelle oder das passende Bild aus einem der Werbemittel unter der Nase. Sie haben selbstverständlich ein zweites Exemplar für sich an den passenden Stellen markiert. Verstärken Sie die Wirkung von Bild und Wort durch betreutes Lesen. Lesen Sie während Ihr Kunde versucht selbst zu lesen laut vor. Sind Ihr Kunde und Sie am sprichwörtlichen Ende und Ihr Kunde ist ausreichend verwirrt, legen Sie noch eine Schüppe zu. In unserer multimedialen Welt darf auch im Verkaufsgespräch ein Medienwechsel nicht fehlen. Wie langweilig ist es denn, immer nur von einem Produkt zu sprechen, wenn es dazu noch ergänzende Filme oder Charts gibt. Auch Powerpoint-Präsentationen bieten sich an: „Ich habe zwar keine Ahnung, das aber in Bunt."

Das Produkt – Ihr Angebot

Sie werden in der Produktpräsentation nicht darum herum kommen, auch Ihr Produkt zu präsentieren oder Ihr Angebot genauer vorzustellen. Auf zwei Arten geht der erfolgreiche Nichtverkäufer mit diesem Punkt in seinen Gesprächen um. Die Methode des Drückers passt gut zum Besserwisser. Die zweite Variante, der des Zaghaften, beherrscht der Ahnungslose perfekt.

Der Drücker

Sie drehen richtig auf. Ihr Produkt, Ihr Angebot ist der absolute Kracher. Ganz unabhängig davon, wie Sie es tatsächlich finden. Verlassen Sie sich auf das Unterbewusstsein Ihrer Kunden. Das Unterbewusstsein nimmt den Bruch in dem was Sie sagen und wie Sie es selber empfinden ungefiltert wahr. Das sorgt für Zweifel und Skepsis. Die nötige Diskrepanz zwischen wirklichem Empfinden und aufgesetzter Begeisterung wirkt somit unterstützend. Verwenden Sie möglichst nur Superlative. Für Ihren Kunden stellt sich nicht die Frage ob, sondern wie viel und wann er kauft. Lassen Sie keinen Zweifel zu. Drängen Sie bitte ohne Unterlass auf den Abschluss. Sie können sich sicher sein, so wenig wie auf einer Hochzeit einer der Gäste in der Kirche damit rechnet, dass die Braut plötzlich laut einen fahren lässt, genauso wenig rechnet Ihr Kunde damit, dass Sie ihn aus lauter Selbstlosigkeit beraten.

„So, was soll ich jetzt noch sagen? Alle Unklarheiten beseitigt. Das ist ihre Chance.

Hier bitte unten rechts unterschreiben. Soll sich doch auch für mich gelohnt haben, was?"

Sie nehmen Ihren Kunden die Entscheidung ab. Schließlich können nur Sie beurteilen, wie dringend Ihr Kunde Ihr Produkt benötigt.

Der Zaghafte

Stiller ist da hingegen diese Variante: Sie drücken Zweifel und Unsicherheit aus. Sie lesen während der Präsentation eben schnell das Kleingedruckte vor oder schlagen in der Bedienungsanleitung nach.

„Einen Augenblick, mir ist, als hätte ich etwas ganz Wichtiges vergessen. So etwas steht ja meist im Kleingedruckten …"

Weisen Sie bitte auf die möglichen Schwächen hin, auch wenn diese im Promillebereich liegen. Gibt es ein Risiko und sei es noch so klein, Sie erwähnen es.

„Bitte, jetzt lassen Sie uns das noch einmal genau analysieren. Sind Sie sich wirklich sicher? Ich meine, ich habe auch schon Pferde vor der Apotheke kotzen sehen. Nicht das Ihnen das Gleiche wiederfährt, wie meinem letzten Kunden."

Wo hingegen der Drücker über sein Auftreten in der Regel sein Ziel schon im ersten Anlauf erreicht und seine Kunden nicht kaufen, nimmt der Zaghafte sich die scheinbare Arbeit mit ins Büro.

„Wissen Sie, ich schlage vor, ich nehme die Unterlagen noch einmal mit und spreche sie noch einmal mit den Kollegen aus der Schadensfallabteilung durch."

Wichtig ist, im ersten Fall ist ein Aftersales-Service in der Regel nicht nötig. Es kommt schließlich nicht zu einem Kauf. Im anderen Fall erreichen Sie gerade in der Phase nach Ihren Terminen Ihr Ziel. Wie?

Dazu später mehr. Probieren Sie sich aus. Stellen Sie fest, welche der Auftritte Ihnen eher liegt. Ihre Kunden sind unterschiedlich. Unterschiedliche Typen erfordern mitunter verschiedene Herangehensweisen. Den einen Kundentypen, bei dem alles funktioniert, gibt es nicht. Das ist so unwahrscheinlich, wie die Frau die immer will. Die wahren Könner unter den Nichtverkäufern beherrschen beide Varianten aus dem Effeff.

Erfolgsstrategie 7
Colombo-Technik

Stellen Sie sich immer eine Spur dümmer an, als Ihr Gegenüber es erwarten würde. Sie erinnern sich an Inspektor Colombo? Peter Falk in seiner bekanntesten Rolle. Stets im zerbeulten Trenchcoat und immer noch eine letzte Frage. Die letzte Frage schenken Sie sich. Es geht um die vorgeschobene Schusseligkeit des Inspektors. Keine Vase war sicher. Kein Fettnäpfchen unerreichbar. Verbreiten Sie ein Chaos wo Sie gehen und stehen. Sei es in Ihren Unterlagen, im Umgang und der Bedienung Ihres Produktes. Entwickeln Sie und pflegen Sie Ihre Macken und Neurosen.

Ausgezeichnet eignen sich Verschwörungstheorien.

„Entschuldigung, macht es Ihnen etwas aus, wenn wir die Fenster verdunkeln? Ich meine bei der Leistung der ganzen Satelliten da draußen im All. Nicht, dass der Chinese sich hier so weit ranzoomt und unser Produkt kopiert. Seit Kennedy wissen wir ja, wie das läuft. Ich sag nur 11. September."

Bleiben Sie stets unberechenbar. Wichtig ist, nicht liebenswert dabei zu wirken, wie es Peter Falk tat. Sondern tun Sie Ihre Missgeschicke ab und machen Sie klar, dass es Sie nicht interessiert, wie die Dinge laufen. Geht etwas zu Bruch, verweisen Sie auf die bestehenden Versicherungen und bieten dem Kunden einen Schluck aus Ihrem Flachmann zur Beruhigung an. Sie haben eben einen harten Job.

Kaufsignale

Während Ihrer Produktpräsentation kommt es vermutlich auch mal zu klaren Kaufsignalen Ihres möglichen Kunden. Das können bewusste und ganz unbewusste Reaktionen auf Ihre Präsentation und Ihr Gespräch sein. Wichtig für Sie als erfolgreicher Nichtverkäufer ist es, diese Signale zu erkennen. Einmal erkannt, können Sie Ihrem Ziel entsprechend nicht zu verkaufen reagieren.

Sehen wir uns die häufigsten Kaufsignale einmal genauer an.

Fragen zum Preis

Ihr Interessent wird selbst auf das Thema kommen: „Was soll mich das kosten? Das ist aber teuer!"

Wie kann der Kunde auch so unverfroren sein und danach fragen? Der klassische Verkäufer zuckt bei diesem Thema innerlich und oft auch äußerlich sichtbar zusammen.

In Gedanken geht er schnell das gesamte Gespräch noch einmal durch:

„Was habe ich falsch gemacht? Habe ich zu wenige Informationen gegeben? Habe ich nicht ausreichend auf den Nutzen hingewiesen? Hat mein lieber Kunde etwa den Nutzen für sich noch nicht erkannt? Habe ich den Preis nicht ausreichende relativiert? Sitzt die Krawatte nicht richtig?"

Was passiert in diesem Augenblick bei den Kunden des klassischen Verkäufers? Der Kunde wittert die Angst und wird schonungslos darauf einsteigen. Eine erbärmliche Diskussion bricht los und am Ende siegt der Kunde. Entweder er kauft und das mit einem satten Nachlass, oder er kauft nicht und der Verkäufer kraucht mit dem Kopf unter dem Arm zurück in seine Höhle und leckt seine Wunden.

Für Sie als Nichtverkäufer stellen Kaufsignale wie die Frage nach dem Preis auch eine heikle Situation dar. Nicht dass Sie Angst davor haben. Die Frage nach dem Preis bedeutet oft, Ihr möglicher Kunde hat echtes Interesse. Dem gilt es entschieden entgegenzutreten.

Sie stellen erneut unter Beweis, wie elegant Sie schon mit Ihren neuen Werkzeugen umzugehen wissen. Halten Sie sich nicht mit den Methoden klassischer Verkäufer auf. Sie haben es gar nicht nötig Ihren Preis zwischen zwei Brötchenhälften zu verstecken, angehübscht mit einem Salatblatt um ihn dann als Sandwich zu verkaufen. Sie rechnen dem Kunden nicht vor, was Ihr Produkt ihn im Jahr, in einem Monat oder in der Minute kostet.

Ihr Preis ist alternativlos. Punkt. Einen Nachlass gibt es nur, wenn der Kunde tatsächlich kauft. Allerdings nicht nur das vorgestellte Produkt, sondern eine Kombination aus anderen Angeboten mit noch deutlich höherer Provision für Sie. Und dabei spielt es keine Rolle, ob die Kombination diverser Produkte sinnvoll ist. Wichtig ist was hinten raus kommt: Ihre Provision.

Als Besserwisser werden Sie keinen Zweifel zulassen und Ihrem Gegenüber auf eindringlichste Weise klar machen, dass ein Einwand wie etwa der Preis sei zu hoch, nicht zulässig ist.

„Mal angenommen lieber Herr Leibert, Sie könnten sich unser Produkt leisten ..." sorgt scheinbar spielerisch dafür, dass Sie auch in dieser Situation alles fest im Griff haben. Sie lassen sich nicht einfach einen Kunden andrehen, nur weil der Kunde das gerade entschieden hat. Sie entscheiden, mit wem Sie eine Kundenbeziehung eingehen, und vor allem sagen Sie, wie diese Beziehung aussieht. Die Regeln bestimmen Sie und nicht Ihr Kunde. Auch wenn Ihr Kunde sich wehrt.

Den Preis zu relativieren haben Sie als Nichtverkäufer gar nicht nötig. Ihr Produkt hat seinen Preis und es ist die Schuld des Kunden, wenn er das nicht bezahlen kann.

„Gerade in ihrer wirtschaftlichen Situation kann ich mir vorstellen, dass sie gerne finanzieren möchten – sofern möglich" ist eine gute Überleitung in die Abschlussphase.

Der Ahnungslose hingegen wirkt zu diesem Zeitpunkt des Verkaufsgespräches eher wie der Gentlemen. Sie fassen die zahlreichen offenen Punkte und die eventuellen Risiken zusammen und stellen das gesamte Paket dem Preis gegenüber. In Ihrer Rolle als guter Berater stellen Sie fest:

„Der Preis ist hoch. Das sehe ich auch so. Bedenken sie dabei die noch offenen Punkte. Natürlich, wenn sie sich sicher sind, ihr sauer verdientes Geld zu investieren …".

Ein solcher Satz im Raum stehend zwingt den Kunden gerade dazu, die Abschlussphase auszulassen und zu vertagen.

Fragen zum Danach

Stellt Ihr Gegenüber Fragen zu Lieferung, Garantie, Kundendienst und ähnlichem theoretischen Kram bedeutet dies, trotz all Ihrer Raffinesse haben Sie es mit einem echten möglichen Kunden zu tun. Gedanklich ist Ihr Gegenüber schon Käufer und der Vertrag so gut wie abgeschlossen. Haben Sie alles auf eine Karte gesetzt und in Ihrer Angebots- und Produktpräsentation ausschließlich wenig arbeitsintensive Produkte mit hohen Provisionen vorgestellt, was soll´s. Schließen Sie diese Phase des Verkaufsgespräches ab und gehen Sie nahtlos über zur Abschluss-Phase.

Anders, wenn Sie auf gar keinen Fall den Auftrag brauchen können. Hier bietet es sich an zu dieser Zeit noch das Ruder rumzureißen. Antworten Sie korrekt auf die Fragen Ihre Kunden und gehen Sie darauf ein. Vergessen Sie bitte nicht fast beiläufig zu erwähnen, wie viel trotz der größten Bemühungen doch noch schief laufen kann.

„Gut, ich sehe Sie sind überzeugt. Wussten Sie eigentlich, dass wir im letzten Jahr die durchschnittlichen Reklamationen von 41% auf 37% senken konnten?"

Ein solcher Satz sollte ausreichend sein, um das Ruder tatsächlich noch rumzureißen.

Fragen zu mehr Details

Die Fragen nach Details sind großartige Gelegenheiten als Nichtverkäufer zu punkten. Spätestens jetzt spülen Sie alles Interesse und jede Begeisterung Ihrer Kunden mit einem gewaltigen Informations-Tsunami weg. Haben Sie sich in Ihrer Produktpräsentation entschieden alles, aber wirklich alles über Ihr Produkt zu erwähnen, dann wiederholen Sie diese ganzen Punkte von vorne bis hinten noch einmal. Wiederholung macht schließlich Programm. Reicht diese Überflutung mit Informationen noch nicht, versichern Sie Ihrem Kunden weitere wichtige Informationen zu beschaffen. Legen Sie sich bitte auf ein exaktes Datum fest, zu wann Sie Ihrem Kunden die Informationen zusenden werden. Bitten Sie Ihren Kunden sich das Datum zu notieren. Selbstverständlich werden Sie den Termin nicht einhalten. Sie schärfen so auf ganz einfache und subtile Art in dieser Phase Ihres Verkaufsgespräches schon die Waffen für den Einsatz im Aftersales-Service.

Die Frage nach Referenzen

Eine weitere gute Möglichkeit für Sie als Nichtverkäufer das Blatt zu wenden ist die Frage nach möglichen Referenzen: Sie plaudern ein wenig aus dem Nähkästchen. Beweisen Sie Ihrem Interessenten, dass Sie ihm vertrauen. Erzählen Sie von den Auseinandersetzungen mit Kunden, die Ihr Unternehmen gerade hat. Sprechen Sie offen über Ihre Probleme wirklich gute Referenzen zu bekommen.

„Eine hervorragende Referenz ist die Firma Schöttezweier und Söhne. Leider befinden wir uns noch wegen zwei, drei Kleinigkeiten in einem Rechtsstreit mit dem Unternehmen. Sobald wir das klären konnten stelle ich gerne einen Kontakt für Sie her!"

Drucken Sie sich bitte eine Liste aller Kunden mit Namen, Telefonnummern, E-Mail-Adressen und Ihren persönlichen Notizen zu jedem einzelnen Kunden aus. Übergeben Sie diese Liste vollständig und ohne vorher mit den genannten Personen gesprochen zu haben Ihren Interessenten. Als erfolgreiche Nichtverkäufer gehen Sie die Liste kurz noch einmal mit Ihrem Gesprächspartner durch:

„Da haben sich aber ein paar Fehler eingeschlichen. Da sind ja noch etliche Kunden drauf, die nicht mehr als Referenzen zur Verfügung stehen wollen. Warten Sie gerade, ich streiche die Abtrünnigen eben raus."

Sicherlich fallen Ihnen zu dem ein oder anderen Kunden noch humorvolle Anekdoten ein.
Etwas in Gedanken verloren:
„Ach ja, die Frau Schmidt, ein Träumchen. Was für einen Sahneschnitte. Mit der habe ich bei unserer letzten Kundenveranstaltung was erlebt, Mann oh Mann. Da habe ich schon gar nicht mehr daran gedacht."
oder
„Typisch, den haben sie auch noch auf der Liste. Der Herr Kleinschmidt. Erst auf dicke Hose machen und jetzt hängt der doch tatsächlich als Abteilungsleiter in der Privatinsolvenz. Ich frage sie: Kann das sein? Das kann! Ich habe es gleich gewusst. Oller Schaumschläger!"
Vergessen Sie nicht im Anschluss noch auf das wichtige Thema Datenschutz zu sprechen zu kommen:
„Selbstverständlich behandeln wir unsere Kundeninformationen vertraulich..."

Weitere Kaufsignale

Ihr Interessent beginnt laut zu denken. Er überlegt wie und wo zum Beispiel Ihr Produkt in sein Büro oder Wohnzimmer passen könnte. Auch hier droht aus einem Interessenten ein Kunde zu werden. Viel unauffälliger sind die vielen nonverbalen Signale zwischendurch. Da nickt Ihr Kunde an irgendeiner Stelle zustimmend, legt Ihr Produkt gar nicht mehr aus der Hand und hört gespannt zu, was Sie erzählen. An dieser Stelle können Sie ausnahmsweise von den klassischen Verkäufern nur lernen: Der klassische Verkäufer ist so mit seinem Gesprächsleitfaden und der Umsetzung der ganzen tollen, in zahlreichen Seminaren gelernten Tricks und Tipps vertieft, dass er diese Kaufsignale schlicht übersieht. Da wird munter weiter beraten und am Ende nichts verkauft. Großartig! Für Sie bedeutet das, als erfolgreicher Nichtverkäufer ignorieren Sie solche Signale ganz bewusst.

Erfolgsstrategie 8
Die RUDI-Technik

Mit etwas Übung eignen Sie sich eine ganz besondere Technik an: die Rudi-Technik. Benannt habe ich die Technik nach einem großen Vorbild eines erfolgreichen Nichtverkäufers. Vollkommen egal wie zu irgendeinem Zeitpunkt Ihres Gespräches sich Ihr Gegenüber als Gesprächspartner einbringen will – ob nun mit Zustimmung, Fragen, Einwänden oder Kaufsignalen, Sie gehen darüber hinweg. Sie ignorieren alle Signale Ihres Interessenten. Spricht Ihr Interessent, sprechen Sie einfach doppelt so laut weiter. Sie quasseln Ihren Kunden schlicht ins Koma. Vielfach werden Sie erleben, wie aus echter Verzweiflung der Griff zum Stift oder der Rausschmiss folgt. Ich gebe zu, für diese Technik brauchen Sie ein echt dickes Fell. Bitte denken Sie daran, auch im Vertrieb ist noch kein Meister vom Himmel gefallen. Wer Bretter bohren will, muss Äste hobeln. So ist das im Leben eben. Kleiner Tipp: Den technischen Schliff holen Sie sich bei einem der vielen Homeshopping-Sender. Hier wird in eindrucksvoller Weise demonstriert, wie ohne Punkt und Komma über alle möglichen Produkte sinnlos und stundenlang geredet werden kann.

Einwände

Einwände des Kunden gehören streng genommen zu einem großen Teil auch zu den Kaufsignalen. Ihr möglicher Kunde kann sich zumindest vorstellen, sich mit Ihrem Angebot näher zu beschäftigen. Das bedeutet für Sie, Sie müssen auf der Hut sein. Begegnen Sie Einwänden stets professionell. Andernfalls kann es Ihnen passieren, Sie verfehlen Ihr Ziel und haben einen neuen Kunden an der Backe. Die Hintergründe eines Einwandes spielen für Sie keine Rolle. Klassische Verkäufer beschäftigen sich mit allerlei Rhetorik und Psychologie. Sie haben es da leicht. Sie haben auf alles eine Antwort.

Die Einwandbehandlung der neuen Nichtverkäufer beschränkt sich auf eine ganz einfache Methode. Der erfolgreiche Nichtverkäufer bringt alle nur möglichen Einwände selber an und entkräftet sie dadurch.

„Lieber Herr Alberti, sicherlich die Qualität von Produkten aus China ist nicht immer gut. Aber mal ehrlich, wie sollen wir denn sonst den Preis halten?"

„Lieber Herr Gogarn, der Preis ist hoch. Sehr hoch. Für manche schon viel zu hoch. Zu welcher Gruppe gehören sie?"

„Lieber Herr Zätschke, selbstverständlich möchten Sie sich erst noch bei einem unserer Referenzkunden informieren. Ich frage Sie, was wird der Ihnen denn schon sagen?"

Erarbeiten Sie sich ein paar solcher Sätze und passen Sie diese bitte Ihrer Strategie an. Bringen Sie mit wenigen Worten den Kunden in neue Denkrinnen. Sorgen Sie dafür, dass das Unterbewusstsein Ihres Kunden ordentlich etwas zu tun bekommt. Lösen Sie Prozesse aus wie: Stimmt, daran habe ich noch gar nicht gedacht. Was ist, wenn das stimmt? Ihr Ziel ist die totale Verunsicherung Ihres Kunden. Vermutlich wird Ihr Gegenüber die Kaufentscheidung vertagen wollen. Sie stimmen dem selbstverständlich gerne zu und versichern ihm sich erneut zu melden – irgendwann.

Erfolgsstrategie 9
Killerformulierungen

Die richtigen Worte zur richtigen Zeit lösen ganz unterschiedliche Reaktionen in unseren Gesprächspartnern aus. Wir reagieren unmittelbar auf Schlüsselreize. Der Säbelzahntiger hinter der nächsten Ecke lässt uns entweder zu Tode erstarren oder um unser Leben rennen. Überlegungen, ob wir diesem Säbelzahntiger schon einmal begegnet sind, wir einander kennen und vertrauen, stellen wir nicht an. In Bruchteilen von Sekunden entscheidet unser Unterbewusstsein für uns. Auf diese Vorgänge haben wir keinen Einfluss.

Ähnliche Auswirkungen auf unser Gemüt haben Schlüsselworte. Als erfolgreicher Nichtverkäufer setzen Sie diese Schlüsselworte ganz bewusst ein, um die Stimmung Ihres Gegenübers auf einfache Art und Weise zu manipulieren. Sie wissen wie Sie Reaktionen auslösen können, um Ihre Ziele zu verfolgen.

Nutzen Sie die Killerformulierungen und
- verspielen Sie mögliche Sympathiepunkte,
- wirken Sie aufkommendem Vertrauen entgegen,
- machen Sie eine positive Grundstimmung zunichte.

Killerformulierungen bieten sich demnach an, sie in unregelmäßigen Abständen immer wieder wäh-

rend eines Gespräches anzubringen. Einige der erfolgreichsten Killerformulierungen sind:
- Sie müssen aber ...
- trotzdem ...
- Nein.
- Doch.
- Pauschalisierungen wie nie, immer und alle

Beispiele für erfolgreiche Killersätze:
- „Da haben Sie mir nicht zugehört..."
- „Da haben Sie mich nicht richtig verstanden."
- „Das werfen Sie durcheinander."
- „Das können Sie so nicht sagen."
- „Ja, aber ..."
- „Nein, das geht so nicht."
- „Wo kämen wir denn hin, wenn das alle machen würden."
- „Ich erkläre Ihnen das noch einmal."
- „Ich gebe Ihnen einen guten Rat."
- „Das dürfen Sie so nicht sehen."

Sie können sich vermutlich vorstellen, wie Gespräche gespickt mit Killerformulierungen weitergehen. Treiben Sie es ruhig auf die Spitze. Sie werden immer als Gewinner vom Platz gehen. Ihr Interessent wird sich gar nicht gegen diese Manipulation wehren können. Empfand er noch vor einem Augenblick Sympathie für Sie und war bereit Ihnen zuzuhören, so ändern Killerformulierungen in der

Regel alles. Von einem Augenblick auf den nächsten macht Ihr Interessent dicht und geht in die Verteidigungshaltung. Sie haben ideale Voraussetzungen für den weiteren Verlauf Ihres Gespräches geschaffen. Selbst klassische Verkäufer hätten es jetzt schwer diesen Kunden noch zu gewinnen.

Unterschätzen Sie dabei bitte die Wirkung nonverbaler Killergesten nicht. Stellen Sie sich bitte vor, was Ihr Augenrollen mit Ihrem Kunden macht. Gelangweiltes am Kunden vorbei schauen wirkt genauso wie auch ein Gähnen zwischendurch. Denken Sie bitte auch daran in regelmäßigen Abständen auf die Uhr zu blicken. Beobachten Sie sich einmal, wie Sie sich bewegen, wie Ihre Mimik und Ihre Gestik ist, wenn Sie gelangweilt, genervt oder wütend sind.

Bauen Sie solche Gesten und Gesichtsausdrücke in Ihre Gespräche mit ein.

Der Abschluss

Es kommt wie es kommen muss. Auch die schönste Produktpräsentation geht einmal zu Ende. Sie haben alles vorbereitet. Ihre Rollen perfekt gespielt. Jetzt gilt es den Sack zuzumachen.

Die Abschlussphase ist Dreh- und Angelpunkt Ihres Verkaufsgespräches. Hier zeigt sich, ob Sie Ihr Handwerk verstehen oder ob Sie weiterhin nur Kreisklasse spielen und sich mit den Durchschnittsverkäufern messen lassen müssen.

Im Verlauf Ihres Gespräches haben Sie viele Hürden nehmen müssen:

- Sie haben es geschafft, ohne Sympathiepunkte aus dem Gespräch zu gehen.
- Die Bedürfnisse und Wünsche Ihres potentiellen Kunden sind Ihnen erfolgreich fremd geblieben.
- Ob Ihr Angebot nun die ideale Problemlösung für Ihren Interessenten darstellt ist Ihnen egal.
- Kaufsignale haben Sie ignoriert und in epischer Breite Ihren Monolog weiter geführt.

Und TROTZDEM gibt es die Kunden, die jetzt noch zugreifen wollen!

Für Sie bleibt in dieser Situation nur noch eines zu tun. Fragen Sie sich, ob Sie an dem Kunden ordentlich verdienen. Stimmen Aufwand und Ertrag, lassen Sie um Himmelswillen den Kunden Kunde werden und machen Sie den verdammten Abschluss.

Wie Sie damit später umgehen, erfahren Sie im Abschnitt zum Thema Aftersales-Service.

Aufwand und Ertrag stehen nicht in einem für Sie guten Verhältnis. Dann ist die Abschlussphase Ihre letzte Chance aus dem Gespräch noch als Sieger hervorzugehen. Ganz in Ihrer neuen Rolle als Nichtverkäufer leiten Sie elegant von der Produktpräsentation in die Abschlussphase über.

„Haben Sie noch Fragen, oder haben Sie mir zugehört?! Dann kommen wir mal zur Sache."

Auch in dieser Phase des Gespräches kommt es darauf an die Kontrolle nicht aus der Hand zu geben. Mit möglichst vielen manipulativen Fragen drängen Sie immer weiter Richtung Abschluss. Ihr Kunde wird sich nicht ohne Ihre Hilfe gegen Ihr Produkt entscheiden können. Sie wissen am Besten, was Ihr Kunde jetzt braucht.

Beginnen Sie mit einem diskreten Blick auf Ihre Uhr.

„Verdammt, wie die Zeit vergeht. Wir müssen hier jetzt irgendwie zum Abschluss kommen. Sicherlich sind Sie frei in Ihren Entscheidungen. Ganz ehrlich, ich möchte Sie nicht beeinflussen, aber ..."

Scheut sich Ihr Kunde jetzt eine Entscheidung zu treffen, bauen Sie ihm eine Brücke:

„Ich kann verstehen, dass es Ihnen jetzt schwerfällt sich zu entscheiden. Wissen Sie, in Ihrer Haut möchte ich nicht stecken. Was glauben Sie, wie oft ich das schon bei meinen Kunden erlebt habe: Sie treffen die Entscheidung und wer bekommt den Ärger, wenn es die Falsche ist? SIE!"

Sollte Ihr Kunde versuchen jetzt noch über den Preis verhandeln zu wollen, nutzen Sie die Macht der Konkurrenz:

„Soll es nun an 100 EUR scheitern? Sie haben die Wahl. Ziehen Sie das Angebot unserer Konkurrenz vor und sparen Sie oder Sie kaufen bei uns. Es liegt an Ihnen. Wollen Sie das Risiko bei der Konkurrenz alleine tragen, oder ist es nicht schöner, wir tragen das Risiko bei einer Entscheidung für unsere Produkte gemeinsam?"

Zugegeben kommt es vor, Ihr Kunde lässt sich auch jetzt noch nicht dazu hinreißen eine Entscheidung gegen Sie zu treffen. Zeit für Ihr Totschlagargument in der Abschlussphase:

„Nun mal ehrlich lieber Herr Schwärmer, das ist doch ein einmaliges Angebot. Ist es doch, oder? Wissen Sie, ich habe mich im Vorfeld ein wenig über Sie erkundigt. Ich habe den Eindruck, Ihr Umfeld hat Recht. Ich glaube tatsächlich, Sie können sich unser Produkt gar nicht leisten. Bitte überzeugen Sie mich, dass es anders ist."

Totgesagte leben länger. Es kann Ihnen auch jetzt noch nach diesem Frontalangriff passieren, Ihr Kunde gibt nicht auf. Der klassische Verkäufer holt jetzt das Auftragsformular aus der Tasche. Anders verhalten Sie sich. Selbst wenn der Kunde jetzt noch sagt, er will kaufen, haben Sie dafür gesorgt, dass er das zu diesem Zeitpunkt nicht kann. Die Kaufverträge und andere Formulare haben Sie vorsorglich im Auto gelassen oder sie sind Ihnen eben ausgegangen.

„Lieber Herr Schmitz, jetzt sind mir doch glatt die Formulare ausgegangen. Wollen wir rasch uns einen Vertrag ausdenken? Ich kann Ihnen auch einen Vertrag erst einmal noch zur Ansicht in den nächsten Tagen schicken."

So geben Sie Ihrem Interessenten ausreichend Gelegenheit sich den Kauf noch einmal gründlich zu überlegen. Vielleicht findet er ja doch noch einen Haken. Sie schließen den Ärger mit Kunden, die ihren Kauf im Anschluss bereuen, im Vorfeld schon aus. Kommt es trotz aller Vorsorge selbst nach dem Sie den Vertrag Wochen später Ihrem Kunden zu geschickt haben zu einem Abschluss, ist das Thema Kaufreue für Sie nun kein Thema mehr. Wer sich nach Ihrer neuen Vorgehensweise für einen Kauf entscheidet, der stellt wirklich nichts in Frage. Für Sie bedeutet das zwar einen Kunden gewonnen zu haben, mit dem Sie aber anstellen können was immer Sie auch wollen. Solche Kunden stören nun wirklich nicht.

Egal wie die Entscheidung Ihres Kunden aussieht: Mit der Entscheidung für oder gegen Ihr Angebot räumen Sie blitzartig das Feld.

„Ja dann, auf dass es mal alles gut geht, was? Wir bleiben in Kontakt."

oder

„Was soll ich sagen, das ist ganz allein Ihre Entscheidung. Sie müssen das verantworten. Vielleicht klappt es ja beim nächsten Mal."

Packen Sie Ihre Sachen zusammen und achten Sie darauf, den Blickkontakt mit Ihrem Gegenüber zu meiden. Wenden Sie sich der Tür zu und drehen Sie sich erst im letzten Augenblick noch einmal um und strecken Ihre Hand zur Verabschiedung aus:

„Ach ja, hätte ich fast vergessen..."

Sehen Sie zu, dass Sie sich nun möglichst schnell verdrücken. Nichts ist nervender als die jetzt drohenden belanglosen Gespräche zum Abschied.

After-Sales-Service

Der Begriff allein verursacht Ihnen Bauchschmerzen? Sie glauben, jetzt ist das Kind endgültig in den Brunnen gefallen? Weit gefehlt! Als neuer erfolgreicher Nichtverkäufer wissen Sie sich auch auch in dieser Phase des Verkaufs exzellent zu behaupten.

After-Sals-Service steht für die Maßnahmen, die im Anschluss an den erfolgreichen Geschäftsabschluss durchgeführt werden. Wesentliche Ziele dieser Aktivitäten sind aus Sicht Ihres Chefs:
- Der Kunde soll in seiner Kaufentscheidung bestätigt werden.
- Der Kunde soll angeregt werden erneut zu kaufen.
- Der Kunde wird zum Empfehlungsgeber.
- Der Kunde soll an das Unternehmen, das Produkt und die Marke gebunden werden.

Soweit die Theorie. Für Sie bedeutet das nur Eines: zusätzliche Arbeit. Sie haben den Auftrag bis jetzt nicht verhindern können. Sei es, weil Ihr Chef Druck ausgeübt hat, Sie das Geld aus Ihren Provisionen für den Urlaub brauchten oder weil Sie schlicht in den vorangegangenen Schritten einen Fehler gemacht haben. Was soll´s. Jetzt gilt es sich nicht noch mehr Arbeit aufhalsen zu lassen. Im besten Fall storniert Ihr Kunde seinen Auftrag ja noch.

Versprochen ist versprochen

Ab dem Zeitpunkt, wo Sie realisieren einen Auftrag nicht verhindern zu können, bauen Sie als Nichtverkäufer die ein oder andere Hürde schon vor dem Abschluss mit ein. Lippenbekenntnisse zu Service und Lieferung sorgen für die notwendige hohe Erwartungshaltung Ihres Kunden. Sie haben im Verkaufsgespräch erfolgreich Fragen unbeantwortet gelassen. Sie versprechen sich um die Antworten zu kümmern, sobald Sie dazu kommen. Setzen Sie für Ihre Anrufe Termine und vergewissern Sie sich bitte, ob Ihr Kunde sich diese auch notiert. Auch Ihr Kunde hat viel um die Ohren. Selbstverständlich melden Sie sich nicht zu dem vereinbarten Zeitpunkt. Wichtig ist, Ihrem Kunden muss das auch auffallen.

„Lieber Herr Schneider, sobald ich die Zeit dazu finde mich auch noch darum zu kümmern, verspreche ich Ihnen, werde ich mich bei Ihnen melden. Schreiben Sie: Donnerstag um 10 Uhr, Anruf von Karsten Stanberger."

Sie wissen zu diesem Zeitpunkt schon längst, die Zeit sich darum zu kümmern haben Sie nicht. Besser Sie haben auch gar keine Lust dazu. Denken Sie bitte an die vielen Konzepte und Ihre neuen Ideen, wie Sie den Vertrieb revolutionieren werden. Es gibt so viel zu tun.

„Sagen Sie mal, lieber Herr Stanberger, Sie haben mir versprochen sich am Donnerstag zu melden.

Haben Sie mich vergessen?"

So kann eine erste Anfrage des Kunden sein, wenn Sie sich nicht wie versprochen gemeldet haben.

„Nun, ohne Ihnen zu nahe treten zu wollen, aber mein lieber Mann, ich habe hier Aufträge auf dem Schreibtisch, dagegen ist Ihrer ein Tropfen auf den heißen Stein", ist eine mögliche gute Antwort.

Sorgen Sie dafür, dass auch nach dem Verkaufsgespräch klar ist, wer die Zügel in der Hand hat. Wie viele Ihrer klassischen Verkäuferkollegen kennen Sie, denen die Kunden auf den Köpfen herumtanzen? Kaum droht der Kunde etwas verschnupft zu reagieren, wird eingeknickt. Ihnen als Nichtverkäufer ist das zuwider. Sie verteidigen Ihre Freiräume und machen sich nie wieder abhängig von den Launen Ihrer Kunden.

Ausgeliefert

Selbstverständlich haben Sie als neuer Nichtverkäufer schon im Verkaufsgespräch daran gedacht, möglichst viele Zugeständnisse zu den Lieferungsbedingungen zu machen.

„Ihnen sichere ich zu, lieber Herr Wesslin, die Lieferung erfolgt nicht schon nach drei, nicht nach zwei sondern schon nach nur einer Woche. Das garantiere ich Ihnen."

Sie wissen, üblich sind acht Wochen. Und trotz Ihres guten Auskommens mit Ihren Kollegen und Ihrem Chef, auch Ihnen ist es unmöglich eine frühere Lieferung hinzubekommen. Die Lieferfrist verstreicht und Ihr Kunde wird sich bei Ihnen erbost erkundigen, warum noch nicht geliefert wurde – sofern er Sie überhaupt persönlich zu sprechen bekommt. Verweisen Sie auf die Zuständigkeiten im Unternehmen und geben Sie bitte bereitwillig die Durchwahlnummern Ihrer Kollegen raus. Kennen Sie die privaten Telefonnummern, teilen Sie diese gleich Ihrem Kunden mit. Schließlich geht es um die Zufriedenheit Ihres Kunden. Die Kollegen informieren Sie im Vorfeld natürlich darüber, dass Ihr Kunde ausgesprochen anspruchsvoll ist und es sich mit an Sicherheit grenzender Wahrscheinlichkeit um ein Missverständnis handeln muss. Wie kämen Sie auch auf den Gedanken nach so vielen Jahren im Unternehmen eine Lieferfrist von nur einer Woche zuzusagen.

Sie werden sich nicht mit solchen Kleinigkeiten aufhalten. Hat Ihr Kunde immer noch ein Problem mit dem Liefertermin, versprechen Sie ihm sich persönlich noch einmal für ihn ins Zeug zu legen. Sie werden sich dann wieder bei ihm melden ...

Eine weitere phantastische Möglichkeit, selbst nach dem Kauf noch den Spieß herumzudrehen, ist die Lieferung selbst. Prädestiniert dafür sind Produkte, die aus vielen Einzelteilen bestehen, wie zum Beispiel Möbel. Gerade im Bereich der Küchenverkäufer sind die Methoden des Nichtverkäufers weit verbreitet.

Bitte denken Sie sich einmal in einen Küchenverkäufer hinein. Da kommen Kunden in das Küchenfachgeschäft und wollen was? Genau, sie wollen zu aller erst beraten werden. Schlimmer noch die Gattung der Nurmas. Sie stehen herum, atmen Ihnen die ohnehin schon abgestandene Luft weg, und sprechen Sie sie an, bekommen Sie zu hören: Wir gucken nur mal so rum. Kommt es dann doch zu einer Beratung, hören Sie einmal genau hin. Oft haben diese Menschen sich vorher noch nie Gedanken darüber gemacht, welche Farbe ihre neue Küche haben soll. Geschweige denn, wie die Raumgestaltung sein soll. Da wird vom Küchenfachberater erwartet am Computer den Grundriss der Wohnung zu entwerfen. Die Küche in den unterschiedlichsten Formen und Farben zu gestalten.

„Da ein Fenster, hier die Tür – ach ja und hier haben wir noch eine Durchreiche geplant … Schön wäre es auch, wenn Sie uns doch bitte auch die Perspektiven auf die neue Küche vom Flur und den übrigen fünf Zimmern aus darstellen. Für das besser Raumgefühl."

„Bin ich denn Picasso?" ist eine durchaus gängige Bemerkung auf solche Ansprüche. Weiß doch der Küchenfachberater, dass die Kunden mit den erstellten Gemälden zur nächstbesten Konkurrenz gehen.

„Sie haben doch sicherlich nichts dagegen, wenn wir die Zeichnungen mitnehmen? Wir wollen uns das noch einmal überlegen."

„Liebe Familie Prolowski, ich versichere Ihnen, wenn ich etwas dagegen hätte, ich würde es einsetzten", denkt der klassische Verkäufer. Der erfolgreiche Nichtverkäufer spricht aus, was der Kundenbückling denkt. So einfach ist das.

Der gut ausgebildete Küchenfachberater zum Beispiel weiß sich Arbeit vom Hals zu schaffen. Eine geniale Erfindung der Möbelverkäufer ist die Teileliste. Entscheidet sich der Kunde zum Kauf, steht auf der Bestellung des Kunden später nicht: Küche Landhaus, bestehend aus 4 Oberschränken, 6 Unterschränken, Spüle usw. Nein! Weit gefehlt. Auftauchen wird eine unüberschaubare Anzahl einzelner Griffe, Zierleisten, Steckdosenaufsätze, Lichterkränze usw. Ganz wunderbar lassen sich hier Positionen mit einbauen oder weglassen. Am Ende passiert das, was fast jeder kennt. Der Kunde hat den Eindruck, die neue Küche wird – ist sie erst einmal geliefert – nie fertig. Chapeau!

Für Sie kann das bedeuten, schreiben Sie in den Auftrag wirklich alles hinein, was auch nur ansatzweise mit der Bestellung zu tun haben könnte. Sorgen Sie für ein geordnetes Chaos von Datenmengen. Serien- und Bestellnummern lassen sich ganz hervorragend verdrehen, Einzelteile können schon einmal vergessen werden und üben Sie sich im Weglassen von dem ein oder anderen wichtigen Bauteil. Nach der Lieferung haben Sie so die absolute Sicherheit, dass zunächst der Kundendienst sehr viel mehr Zeit mit Ihren Kunden verbringen wird als Sie.

Erfolgsstrategie 10
Schön Wetter machen – Ihr Umgang mit Vorgesetzen

Kunden sind wie Minen. Sie dürfen sie nur ganz vorsichtig treten. Langen Sie zu feste zu, explodieren sie und schon steht Ihr Chef auf der Matte. Selbstverständlich wird es nicht ausbleiben, dass Ihre Kunden sich über Sie beschweren. Sie stehen als neuer erfolgreicher Nichtverkäufer zu Ihren Fehlern. Achten Sie bitte darauf, zu den richtigen Fehlern zu stehen wie:
- „Ich weiß, ich bin einfach zu ehrgeizig."
- „Ja, ich kann auch zu ungeduldig sein."
- „Ich möchte doch immer das Beste für das Unternehmen."

Fehler zu denen Sie besser nicht stehen sollten sind:
- „Ich habe einfach die Schnauze voll. Mich nerven die Kunden nur noch an."
- „Ich weiß, ich stehe kurz vorm Burnout."
- „Ohne mindestens eine Flasche Rotwein am Abend komme ich nicht in den Schlaf vor lauter Frust."

Übernehmen Sie Verantwortung für die Dinge, von denen Ihr Chef glaubt, sie würden nicht laufen. Setzen Sie sich die Kappe auf. Was Ihr Chef nicht weiß ist, dass es sich dabei um eine Tarnkappe handelt. Kaum wird es eng sind Sie unsichtbar.

Vorsorglich sehen Sie zu, dass Ihr Chef sieht oder es zumindest erfährt, wie viele Dinge Sie um die Ohren haben. Konnten Sie Ihren Chef erst von Ihrer Loyalität und Ihrem Arbeitspensum überzeugen, so wird er zwar dem Kunden Recht geben, Sie aber in Ruhe lassen. Er weiß darum, dass Sie nur zum Wohle des Unternehmens denken.

Trotz aller Vorbereitung kann es passieren, Sie haben doch nicht Ihren Chef auf Ihrer Seite. Oder die Führung wird mangels Umsätze kurzerhand ausgetauscht. Jetzt müssen Sie in die Offensive gehen. Als Mitarbeiter verfügen Sie nicht über die vielen tollen disziplinarischen Maßnahmen wie Abmahnungen, Versetzungen und Kündigungen. Sie haben etwas viel wirkungsvolleres: Streuen Sie wie wild Gerüchte. Zum Beispiel über das Verhältnis von Ihrem Chef zu seiner Sekretärin:

„Das ist so schade. Die Uschi aus dem Vorzimmer vom Chef ist so einen Nette. Und jetzt nutzt er das so aus. Dabei sind beide verheiratet. Das ist doch keine Liebe. Das ist purer Sex, habe ich gehört"

Wie die Feder vom Kölner Dom geworfen sich unten am Boden nicht mehr auffangen lassen wird, halten Sie diese Lawine auch nicht mehr auf. Selbstverständlich sorgen Sie dafür immer wieder zu betonen, sich nicht an solcher üblen Nachrede beteiligen zu wollen. Schließlich haben Sie das alles ja auch nur gehört. Gerüchte gegen den Chef oder Kollegen entwickeln eine wunderbare Eigendynamik. Etwas Geduld und Penetranz und der Rest erledigt sich von alleine.

Empfehlungsgeschäft

Im After-Sales-Service geht es darum, möglichst vom Kunden weiter empfohlen zu werden. Klassische Verkaufstrainer werden nicht müde, immer wieder die Bedeutung des Empfehlungsgeschäftes in ihren Seminaren durchzukauen. Wer mit Empfehlungen umgehen kann, wird nie wieder Kaltakquise machen müssen. Selbst wenn das stimmt und diese Techniken tatsächlich funktionieren würden, ist das für Sie eine unmögliche Vorstellung. Gerade die Kaltakquise stellt für Sie als neuen Nichtverkäufer eine wichtige und tragende Säule Ihres nicht verkäuferischen Schaffens dar. Stellen Sie sich bitte vor, wie schwierig es für Sie sein kann, einen Interessenten davon abzuhalten zum Kunden zu werden, wenn schon zufriedenen Kunden ihm Sie empfohlen haben. Und wie schnell verbreiten sich gute Nachrichten! Da werden aus einem Kunden mal schnell fünf, sechs Empfehlungen. Aus diesen Empfehlungen kommen wieder neue drei, vier Kunden heraus. Da kommen Sie ganz schnell auf Zahlen jenseits der 40 Empfehlungen. Was das an Arbeit bedeutet, müssen wir an dieser Stelle nicht mehr erklären.

Keine Angst! Menschen reden nun mal – und das am liebsten über andere Menschen. Sie als Nichtverkäufer machen sich diese Angewohnheit zunutze. Lassen Sie uns einmal gemeinsam überlegen, warum gerade Sie als Nichtverkäufer nicht weiter empfoh-

len werden:
- Sie sorgen mit Ihrem Auftreten dafür bemerkenswert zu sein. So schnell werden Ihre Interessenten Sie nicht vergessen.
- Sie erzeugen echte Emotionen bei Ihren Gesprächspartnern allein durch Ihre ehrlichen Worte.
- Sie bestechen durch Empfehlungsgeschichten. Sie erzählen von ähnlichen Situationen, in denen alles schief gegangen ist.
- Sie wissen um die Kraft von Referenzen. Sie haben eine Kundenliste mit allen wichtigen Informationen vorbereitet. Sie bitten Ihre Kunden, diese Daten vertraulich weiterzugeben.
- Ihre innere Einstellung stimmt. Sie strahlen die notwendige Selbstsicherheit aus. Sie kann nichts mehr erschüttern.

Selbstverständlich fragen Sie nach Empfehlungen, wenn es sich nicht vermeiden lässt. Als Nichtverkäufer fragen Sie aus einem anderen Grund nach einer möglichen Weiterempfehlung. Im richtigen Augenblick gefragt, werfen Sie sich für zukünftige Aufträge komplett aus dem Rennen. Sie haben erfolgreich dafür gesorgt, dass es zu Pannen bei der Lieferung gekommen ist und andere Zusagen nicht eingehalten wurden. Jetzt beobachten Sie nur. Sind Sachbearbeiter, Buchhalter und Kunde gleichermaßen genervt, weil nichts voran gehen will und wird der Ton rauer, dann ist das ist Ihr Moment:

„Lieber Herr Deutzer, Dinge passieren. Das hätten wir nicht vorher wissen dürfen, wir zwei, was? Na egal, nun ist das Kind in den Brunnen gefallen. Was glauben Sie, wie hoch ist die Wahrscheinlichkeit, dass so etwas wieder passiert?"

„Das weiß ich nicht und es ist mir auch egal."

„Sehen Sie. Das glaube ich auch. Kennen Sie denn jemanden, der Ihnen am Herzen liegt, der das gerne mal ausprobieren möchte?"

Die Frage nach Empfehlungen ist auch wichtig, wenn ein Kunde Ihnen sagt, er habe kein Interesse. Sie machen auch hier den Deckel drauf.

„Für Sie lieber Herr Stanislawski ist das also nichts. Gut. Das hätte ich mir denken können. Schade um die Zeit. Wen kennen Sie, bei dem meine Zeit besser investiert wäre?"

„Sie glauben doch nicht im Ernst das ich Sie jemandem weiterempfehlen werde?!"

Achten Sie darauf, dass Ihr Kunde Ihnen darauf sein Wort gibt.

„Danke. Ich darf mich auf Sie verlassen?"

Ihr Kunde muss sich in die Pflicht genommen fühlen, Sie unter gar keinen Umständen weiterzuempfehlen. Besser noch, er erzählt von Ihnen als schrecklicher Verkäufer. Denken Sie an das Empfehlungsgeschäft. Ein unzufriedener Kunde erzählt mindestens fünf weiteren Menschen von seinen negativen Erlebnissen mit Ihnen. Diese fünf erzählen das jeweils weiteren fünf Personen. Das geht rum wie nichts und Sie haben endlich Ihre Ruhe.

Wer sich rar macht, der macht sich selten

Der klassische Verkäufer verschickt Schreiben, in denen er sich bei seinen Kunden nochmals für den Auftrag bedankt. Er telefoniert mit den Kunden, um sie auf dem Laufenden zu halten. Ja, sogar Besuche gehören zu seiner Methode. Davon sind Sie als Nichtverkäufer weit entfernt. Für Sie gilt: Kunde nach Auftrag weiträumig umfahren. Alles andere birgt nur unnötige Risiken wie Empfehlungen und weitere Aufträge. Ihr Unternehmen gönnt Ihnen Mitarbeiter, die sich um Ihre Anrufe kümmern oder als Einzelkämpfer ist das Handy der Nabel zu Ihren Kunden. Egal. Anrufer müssen auch mal warten können. Rückrufe organisieren Sie zu Zeiten in denen davon auszugehen ist, dass Sie Ihre Kunden nicht zu erreichen sind. Geeignete Zeiten sind der ganz frühe Morgen und der späte Abend. Das hat zwei Vorteile:

Erstens: In der Regel sieht der Angerufene Ihre Nummer auf seinem Display. Sie sind demnach Ihrer Verpflichtung nachgekommen. Wer nicht erreichbar war, das war Ihr Kunde.

Zweitens: Sie telefonieren noch spät nach „Feierabend". Auf der Anrufliste Ihres Kunden taucht in der Regel auch die Uhrzeit auf. Der Eindruck beim Angerufenen ist, Sie arbeiten auch noch weit nach Feierabend. Sie müssen demnach ein engagierter Mann sein. Das sieht auch Ihr Chef an der Telefonrechnung.

Sie sind ein viel beschäftigter Mann. Das sollen Ihre Kunden auch wissen dürfen. Ihre Zeit ist wertvoll und Sie entscheiden, mit wem Sie sie verbringen. Ihre Kunden gehören ganz sicher nicht dazu. Ihre Kunden sollen vielmehr die Zeiten mit Ihnen, egal ob am Telefon oder persönlich, als Geschenk verstehen. Wer immer nur trockenes Brot zu essen bekommt, freut sich über die Wurst umso mehr. Manchmal lohnt es sich eben doch auch mal die Wurst zu sein.

Erfolgsstrategie 11
Werbeflut

Nutzen Sie Ihre Kundendatenbank für das Verschicken von Werbung. Versenden Sie Mails, Post, SMS, Tweets und Posts nicht einmal sondern ständig. Ihr Kunde bekommt täglich viele Informationen. Sie stellen sicher, dass Ihre Informationen ihn auch erreichen. Zwitschern Sie auf allen Ihnen zur Verfügung stehenden Kanälen.

Verständlich ist, dass die Werbung bei der Masse von Kunden nicht auf jeden einzelnen Ihrer Kunden abgestimmt werden kann. Sie bevorzugen die unpersönliche Ansprache. Briefe oder Mailings gehen bei Ihnen ohne die üblichen Höflichkeitsfloskeln raus. Sie kommen wie in Ihren Gesprächen gleich zur Sache. Vergessen Sie bitte nicht auch nach dem Versenden Ihrer Botschaften unmittelbar nachzufassen. Sie haben einen Flyer verschickt, dann jagen Sie direkt am nächsten Tag eine E-Mail mit dem gleichen Inhalt hinterher und fragen in der E-Mail nach, ob der Brief auch angekommen ist. Bekommen Sie nicht unmittelbar eine Antwort versenden Sie eine SMS mit dem Hinweis auf Ihre eben verschickte E-Mail. Nehmen Sie sich die Zeit jetzt Ihren Kunden kurz anzurufen. Um auf Nummer sicher zu gehen, hinterlassen Sie eine Nachricht auf dem Facebookprofil Ihres Kunden.

Fazit

Auf den ersten Blick ist After-Sales-Service lästig. Sie sehen als Nichtverkäufer genauer hin. Ihnen bieten sich zahlreiche Möglichkeiten, um sich Ihren Berufsalltag einmal mehr nach Ihren Wünschen zu gestalten.

Das Ziel Ihres Vorgesetzten ist die Kundenbindung. Sie wissen, Kunden gibt es wie Sand am Meer. So viele Tierarten sterben Jahr für Jahr aus. Kunden sind wie Tierarten. Von der Existenz mancher Arten haben Sie vorher noch nie etwas gehört. Sie bekommen gar nicht mit, wenn es sie nicht mehr gibt. Warum sollten Sie also um sie trauern. Es weint doch der gemeinen Kopflaus auch keiner hinterher, wenn diese Art ausstirbt. Aus Ihrer Erfahrung wissen Sie es besser. Verschwindet der eine Kunde entsteht nicht etwa eine Lücke. Es taucht sofort ein neuer Kunde auf.

Dennoch, die Erwartungen an Sie sind Ihre Kunden zu binden, sie zu weiteren Käufen anzuregen und Ihre Produkte weiterzuempfehlen. Das ist eine Kampfansage. Ihnen drohen durch solche Dinge nur noch mehr Arbeit und noch mehr lästige Kundenbeziehungen. Sie beherrschen Techniken, mit denen Sie dies erfolgreich verhindern.

Sie sind großzügig mit Ihren Versprechungen. Sie binden schon früh andere Abteilungen mit in den After-Sales-Service ein. In der Zeit, in der andere sich um Ihre Kunden kümmern, bauen Sie weiter an

Ihrer Karriere als Nichtverkäufer. Oder spielen eine Runde angrybirds.

Sie wissen um die Kraft negativer Gedanken. Wenn zwischen Ihren Kollegen und Ihren Kunden die Funken fliegen, sind Sie zur Stelle um Ihre Kunden nach Weiterempfehlungen zu fragen. Ihr Wissen um die Details Ihrer Absprachen und Angebote sind bei Ihnen besser aufgehoben, als bei den dafür zuständigen Kollegen. Sie sind beschäftigt und schwer erreichbar. Sie erwecken so den Eindruck, ohne Sie laufen Projekte eben nicht rund. Machen Sie sich zu einer begehrten Person in Ihrem Unternehmen.

Zukünftig können Sie so auch für die notwendige Aktivität sorgen, ohne sich direkt um Kunden zu kümmern.

Für Sie als neuer Nichtverkäufer ist der After-Sales-Service eine echte Belastungsprobe. Wie standfest sind Sie schon im Umgang mit Kunden? Wie gehen Sie mit der Kritik von Kollegen um? Haben Sie ausreichend vorgesorgt, wenn Ihr Chef von verärgerten Kunden angerufen wird? Wissen in der Firma alle, was für ein Arbeitstier Sie sind?

Nicht zuletzt entscheidet sich im After-Sales-Service Ihre weitere Karriere als Nichtverkäufer. Viele gut gestartete Nichtverkäufer scheitern, weil sie ihre Ziele als Nichtverkäufer aus den Augen verlieren. Sie gehen im After-Sales-Service zum Beispiel plötzlich völlig unnötig Kundenbeziehungen ein. Statt ihre Komfortzone zu erweitern, genießen sie stundenlange Problemgespräche mit Kunden. Sie versuchen Lösungen zu finden für Probleme, die sie selbst ganz bewusst aufgebaut haben. Nur um sich ihrer eigenen Weiterentwicklung als Nichtverkäufer zu entziehen. Für Sie steht fest: Hinter jedem „Ich habe da mal eine Frage ..." lauert schon die böse Absicht Sie in Ihrem Weiterkommen zu hindern. Wenn der Kunde erst einmal als Mensch wahrgenommen wird ist das der Anfang vom Ende. Kunden sind wie Staub. Sie kommen aus dem Nichts und sind überall. Sie können nichts dagegen tun. Außer Sie ändern Ihre Strategie. Sie sind weit gekommen. Achten Sie darauf Ihre Ziele nicht aus den Augen zu verlieren. Lernen Sie täglich hinzu und bilden Sie sich weiter. Und denken Sie immer daran:

„Humor ist der Knopf, der verhindert, dass der Kragen platzt." (Joachim Ringelnatz)

Ihnen wünsche ich alles Gute und stets ein glückliches Händchen im Umgang mit Ihren Kunden.

Ihr
Karsten Stanberger